Moda e sociabilidade
MULHERES E CONSUMO NA SÃO PAULO DOS ANOS 1920

Dados Internacionais de Catalogação na Publicação (CIP)
(Câmara Brasileira do Livro, SP, Brasil)

Bonadio, Maria Claudia
Moda e sociabilidade : mulheres e consumo na São Paulo dos anos 1920
/ Maria Claudia Bonadio. – São Paulo : Editora Senac São Paulo, 2007.

ISBN 978-85-7359-531-4

1. Consumo (Economia)   2. Lojas de departamento – São Paulo (SP)
3. Moda – Aspectos sociológicos   4. Moda – Merchandising   5. Moda –
São Paulo (SP)   6. Mulheres – Psicologia   I. Título.

07-0726   CDD-391.00820981611

Índices para catálogo sistemático:
1. São Paulo : Moda : Consumo da elite feminina : Usos e costumes
391.00820981611

MARIA CLAUDIA BONADIO

Moda e sociabilidade

MULHERES E CONSUMO NA SÃO PAULO DOS ANOS 1920

Editora Senac São Paulo – São Paulo – 2007

ADMINISTRAÇÃO REGIONAL DO SENAC NO ESTADO DE SÃO PAULO
Presidente do Conselho Regional: Abram Szajman
Diretor do Departamento Regional: Luiz Francisco de A. Salgado
Superintendente Universitário e de Desenvolvimento: Luiz Carlos Dourado

EDITORA SENAC SÃO PAULO
Conselho Editorial: Luiz Francisco de A. Salgado
Luiz Carlos Dourado
Darcio Sayad Maia
Lucila Mara Sbrana Sciotti
Luís Américo Tousi Botelho

Gerente/Publisher: Luís Américo Tousi Botelho
Coordenação Editorial: Verônica Pirani de Oliveira
Prospecção: Andreza Fernandes dos Passos de Paula, Dolores Crisci Manzano,
Paloma Marques Santos Administrativo: Marina P. Alves
Comercial: Aldair Novais Pereira
Comunicação e Eventos: Tania Mayumi Doyama Natal

Edição de Texto: Luciana Garcia
Preparação de Texto: Adriana Gozzo
Revisão Técnica: Marcelo Moss
Coordenação de Revisão de Texto: Marcelo Nardeli
Revisão de Texto: Adalberto Luís de Oliveira, Ivone P. B. Groenitz, Jussara Rodrigues Gomes,
Luiza Elena Luchini, Maria de Fátima A. Madeira, Roberto Papa
Coordenação de Arte, Projeto Gráfico e Capa: Antonio Carlos De Angelis
Impressão e Acabamento: Gráfica CS

Proibida a reprodução sem autorização expressa.
Todos os direitos reservados a
Editora Senac São Paulo
Av. Engenheiro Eusébio Stevaux, 823 – Prédio Editora
Jurubatuba – CEP 04696-000 – São Paulo – SP
Tel. (11) 2187-4450
editora@sp.senac.br
https://www.editorasenacsp.com.br

© Editora Senac São Paulo, 2007

Sumário

Nota do editor, 7

Apresentação, 9
  Heloisa Pontes

Agradecimentos, 17

Introdução, 21

ABERTURA DE UM NOVO ESPAÇO PARA A MODA E
A SOCIABILIDADE FEMININA

São Paulo entra em moda, 31

Lojas de departamento, 47

Um passeio pelo Triângulo, 61

O *Palais de la Femme*, 69

Um espaço distinto e luxuoso, 91

MODA E PUBLICIDADE: MULHER DA ELITE
PAULISTANA – O CENTRO DAS ATENÇÕES

Moda e gênero: da oposição à confusão, 121

A moda com verniz de "modernidade", 131

Revista Feminina, 153

Revista Feminina: "A moda" de Marinette, 159

Um *kisto sebaceo* no meio da revista, 171

Considerações finais, 197

Nota do editor

O ano era 1913. Um acontecimento em São Paulo seria o responsável por uma verdadeira revolução na história social da cidade, capaz de modificar para sempre o comportamento das elites femininas – e, conseqüentemente, de abrir portas para o futuro das outras classes.

Não se trata de manifesto artístico, político ou cultural: foi a inauguração da loja de departamentos Mappin Stores que mudou a vida das mulheres paulistanas da época, proporcionando-lhes uma liberdade pela qual havia tempos ansiavam.

Moda e sociabilidade: mulheres e consumo na São Paulo dos anos 1920, de Maria Claudia Bonadio, é mais uma contribuição do Senac São Paulo aos estudos multidisciplinares que buscam novas perspectivas para o conhecimento da moda, do comportamento e da história de nossa sociedade.

Apresentação

Ir às compras tornou-se uma prática tão corriqueira na rotina das mulheres que chega a ser surpreendente saber que nem sempre as coisas foram assim. Mais surpreendente ainda é acompanhar a história dessa movimentação feminina pelas ruas da cidade, tendo como guia esse livro maravilhoso de Maria Claudia Bonadio. O assunto é daqueles que fisgam o leitor, em especial a leitora, desde a primeira página, antes de tudo pela escolha dos objetos contemplados: o Mappin Stores, a primeira loja de departamentos aberta em São Paulo, em 1913, e a *Revista Feminina*, único periódico do gênero a trazer uma seção fixa de moda. Inauguradas, loja e revista apelam-se mutuamente como espaços femininos destinados às mulheres de elite e das camadas médias abonadas da época.

Se parte do encanto do livro se deve ao assunto, outra, maior e mais importante, resulta da argúcia analítica da autora. Ou, trocando em miúdos, da maneira como ela vira e revira o tema, para retirar ilações, à primeira vista, inesperadas. Que uma loja de departamentos como o Mappin Stores, instalada no centro da cidade e no espaço em que se dava o consumo de elite da época, tenha alterado a paisagem comercial de São Paulo, isso já era sabido, principalmente pelas consumidoras de posse que, seduzidas pelo *slogan* da loja – "todo dia uma novidade!" –, podiam se dar ao luxo de gastar o tempo livre e o dinheiro correspondente na aquisição de mercadorias vistosas. Que essas mesmas consumidoras fossem leitoras ávidas da seção de moda da *Revista Feminina*, assinada pela cronista Marinette e recheada pelos anúncios do Mappin Stores, isso também já havia sido intuído. Mas o

Moda e sociabilidade: mulheres e consumo na São Paulo dos anos 1920

que até então permanecia inexplorado era o potencial da ligação entre a revista e a loja, para uma história social atenta às marcas deixadas pela junção da moda e da sociabilidade no universo circunscrito das elites. Eis aí o grande achado do livro de Maria Claudia Bonadio. Depois dele, vai ser impossível olhar, entrar, consumir ou criticar empreendimentos comerciais voltados de maneira velada ou escancarada, como a Daslu, às mulheres endinheiradas, sem se lembrar da análise que a autora faz do Mappin.

Desdobramento nacional dos *department stores* ingleses, como o Harrods, e dos grandes *magasins* franceses, como o Printemps e o Bon Marché, o Mappin destinava-se a um segmento reduzido, mas privilegiado, de mulheres que não mediam tempo, esforço e dinheiro para adquirir novas mercadorias e novos hábitos de consumo. Tendo a moda como grande chamariz, e essas mulheres como público-alvo, o Mappin torna-se objeto instigante da história social quando visto à luz das questões propostas por Maria Claudia Bonadio, que soube descortinar tanto o lado prosaico dessa experiência até então inédita de consumo para as mulheres de elite quanto seus desdobramentos menos evidentes, entre eles o fato de que o acesso delas ao espaço público, reduzidíssimo na época, encontrou um foco de irradiação no ato de "ir às compras".

Seguindo as trilhas abertas pela historiadora Michelle Perrot, que mostrou como os grandes magazines eram, ao lado da Igreja e dos salões de chá, os lugares privilegiados de sociabilidade para as mulheres de posses nas cidades européias do século XIX, Maria Claudia avança na análise ao contar com uma bibliografia consistente sobre moda, consumo e distinção social, e ao buscar as retraduções locais dessa experiência de consumo produzida pelas lojas de departamento em âmbito internacional. Autores como Hannah Arendt, Habermas, Sennett, Weber, Bourdieu, Bergamo e, sobretudo, Gilda de Mello e Souza, com seu estudo pioneiro e notável sobre a moda

Apresentação

no século XIX, são mobilizados no livro para dar perspectiva e esquadrinhar o assunto.

Moda, sociabilidade e consumo entrelaçam-se na análise de Maria Claudia, sublinhando quão o acesso das mulheres de elite ao espaço público é devedor dessa equação. O resultado é um estudo denso da sociabilidade feminina na cidade de São Paulo, a partir do entrecruzamento da *Revista Feminina*, dos catálogos e propagandas do Mappin Stores e dos livros de memórias de pessoas que viveram na cidade nas primeiras décadas do século passado. A idéia de pesquisar o arquivo do Mappin e de tomar essa loja como objeto revelador da constituição da modernidade, baseada em novas formas de consumo e sociabilidade, além de intrigante, permite à autora demarcar as semelhanças e as diferenças mais significativas entre a criação das lojas de departamento na Europa, nos Estados Unidos e no Brasil. Formatos similares, públicos um pouco distintos: classes médias lá, elites aqui, no período enfocado pelo trabalho.

Pesquisadora sensível, Maria Claudia, ao mesmo tempo em que constrói um estudo inovador, traz com esse livro uma profusão de imagens e memórias de uma cidade bastante distinta da que conhecemos hoje pelo nome de São Paulo. *Glamour* e privilégio dão o tom dessas memórias e da experiência daqueles que podiam usufruir delas. Se a distância e a desigualdade social não eram menores que hoje, maiores eram os sentimentos de segurança nos espaços públicos exibidos por homens e mulheres de elite. A grande ameaça que pairava sobre elas era o inconformismo aos padrões restritos da moralidade exigida, os quais se mostraram abertos aos novos códigos de consumo e às intempéries da moda, com a condição de que, casadas, mantivessem o casamento, a honra e a moral correspondentes ao estado conjugal. Mães, esposas e donas de casa. Mas também consumidoras, em especial de moda, e leitoras informadas sobre o assunto por intermédio da pena meio irreverente, meio disciplinadora

Moda e sociabilidade: mulheres e consumo na São Paulo dos anos 1920

da cronista de identidade misteriosa, Marinette, sobre quem até hoje não sabemos se era mulher ou um escritor disfarçado pelo pseudônimo, que se divertia com as "encantadoras filhas de Eva, sempre prontas a se sacrificarem no altar suntuoso da moda".

E aqui me permito uma nota pessoal. A primeira vez que li o trabalho de Maria Claudia Bonadio foi em 2000, quando ainda tinha o formato de dissertação de mestrado. O prazer provocado pela leitura na época é o mesmo produzido agora pelo livro. O que mudou foi a condição na qual se deu a primeira leitura. Às vésperas do Natal, a dissertação foi defendida em um ritual acadêmico do qual participei como argüidora. Dado o avançar do ano e de um semestre letivo que parecia não ter fim, fui acometida de uma inveja sem limite pelo objeto e argumento central do estudo de Maria Claudia: mulheres de elite que passaram a desfrutar do espaço público e a experimentar novas formas de sociabilidade a partir da moda e do consumo desta. Inveja desenfreada dessas mulheres e, sobretudo, daquelas mocinhas desocupadas que tinham pela frente uma jornada e tanto de consumos variados. Espécie de personagens paradigmáticas do livro de Maria Claudia, elas, embora não correspondam integralmente à vida real das mulheres de elite, sintetizam as aspirações e dimensões simbólicas dessa experiência de privilégios vivida como dádiva da natureza. Pela manhã, liam as notícias do mundo elegante, de preferência guiadas pelas deliciosas crônicas de Marinette, a sensação da *Revista Feminina*, enquanto saboreavam o café da manhã servido por empregadas uniformizadas. No início da tarde, uma refeição frugal e pernas-pra-que-te-quero: os passeios pelo centro da cidade, os cuidados do *coiffeur*, a manicure, o encontro com as amigas no salão de chá do Mappin. Refeitas do dia atribulado, o próximo passo era o Teatro Municipal, onde iam exibir os vestidos de gala, inteirar-se da vida social dos elegantes, informar-se sobre o "último grito" em matéria de consumo cultural.

Apresentação

Experiência intricada essa das mulheres de elite, sujeita a uma sorte específica de circulação de constrangimentos. Vida fácil? A pergunta, bem se vê, revela mais a posição da autora dessa apresentação do que a das mulheres estudadas por Maria Claudia, uma vez que após a obra magistral do sociólogo Norbert Elias não dá mais para tratar as elites sob uma ótica simplista, assentada em dicotomias do tipo opressores e oprimidos, algozes e vítimas, vencedores e vencidos. Tendo recuperado os registros de sociabilidade dos grupos aristocráticos em sua dimensão predominantemente expressiva, Elias compôs um cenário complexo e diferenciado desses círculos e da rede de constrangimentos cruzados a que estavam expostos. Assim, se não é mais possível analisar as experiências das elites em um registro maniqueísta, tenho de admitir que, no decorrer da primeira leitura do trabalho de Maria Claudia, quando este ainda era uma dissertação, fui acometida por um delírio simplificador, não em razão da análise da autora, longe disso, mas pela distância entre minha experiência de mulher de classe média e a das mulheres de elite nas primeiras décadas do século XX.

Morta de inveja da vida e da sociabilidade desfrutada por elas, passei a desejar o salão de chá do Mappin, os desfiles no meio da tarde, os vestidos deslumbrantes exibidos no Municipal daquele tempo. Inveja talvez não seja o termo adequado. Melhor dizer ressentimento, cuja definição precisa é dada por Bourdieu, quando afirma que tal sentimento implica condenar no outro a posse de algo que se deseja para si mesmo, sendo distinto, portanto, da inveja. Pois, quando invejamos um objeto, um homem ou uma mulher, não somos mais completamente exteriores a eles. Como mostra Simmel, em relação à coisa invejada, estamos a um só tempo mais próximos e mais distantes do que daqueles cujos bens ou atributos pessoais nos deixam indiferentes.

Moda e sociabilidade: mulheres e consumo na São Paulo dos anos 1920

Fim da nota pessoal. Que ela sirva menos como expressão de sentimentos pessoais e mais como incitamento à leitura desse livro sedutor de Maria Claudia Bonadio – seu primeiro trabalho acadêmico de fôlego, ao qual se seguiu a tese de doutorado ainda inédita, orientados ambos pela competente e criativa historiadora Vavy Pacheco Borges.

Heloisa Pontes

Professora de antropologia na Unicamp, pesquisadora do CNPq e do Núcleo de Estudos de Gênero da Unicamp – Pagu.

A Geraldo e Marinha.

Agradecimentos

É provável que essa seja uma das últimas pesquisas realizadas no Arquivo Histórico do Mappin (AHM), pois em 1999, enquanto eu finalizava o levantamento no acervo da tradicional loja de departamentos, a empresa – cuja história se confunde com a da cidade de São Paulo – atravessava a crise que levaria ao fechamento da loja em julho do mesmo ano. E se em meio às condições adversas pude finalizar essa pesquisa é porque contei com o apoio incondicional da responsável pelo acervo, Iraci Santos, que me atendeu com grande presteza, atenção e carinho, e correu contra o tempo para que eu pudesse realizar meu trabalho de pesquisa

Atenção e confiança devo à senhora Avelina Salles Haynes (em memória), que me recebeu em sua casa e me emprestou uma coleção da *Revista Feminina* para a realização dessa pesquisa, e à sua irmã, Marina Goulart de Andrade, por me atender tão prontamente e pelas longas conversas ao telefone (que foram, para mim, importantes lições de vida).

Sou grata a Zuleika Alvim, pesquisadora generosa que me cedeu uma entrevista e compartilhou comigo seus conhecimentos sobre a história do Mappin.

O estímulo da professora Stella Bresciani também foi fundamental, foi ela que uma vez, de passagem e ciente do meu interesse pela história da moda, sugeriu-me sobre a possibilidade da utilização dos anúncios do Mappin como fontes. As preciosas dicas bibliográficas e as atentas leituras do professor Michael Hall também foram capitais para a elaboração deste livro.

Moda e sociabilidade: mulheres e consumo na São Paulo dos anos 1920

Sou imensamente grata à professora Heloisa Pontes, que realizou inúmeras leituras do trabalho, trouxe dicas preciosas e permitiu o início de uma série de valiosíssimos encontros acadêmicos.

A Leila Mezan Algranti agradeço (e agradecerei sempre) o incentivo, a orientação inicial desse trabalho e, em especial, as aulas entusiasmadas. Obrigada por incentivar a moça curiosa e inquieta a enveredar pelos caminhos da pesquisa.

O olhar afiado, a orientação cuidadosa e sempre muito exigente de Vavy Pacheco Borges foram essenciais para a realização desse trabalho e para meu crescimento pessoal. Estou certa de que não há palavras que expressem minha gratidão e meu carinho pela professora.

Agradeço ainda à querida Maria Lúcia Bueno o estímulo e o compartilhamento do gosto pelo trabalho acadêmico. E, a Eliane Robert, a confiança e acolhida tão carinhosa.

À Capes e à Fapesp, a concessão das bolsas que permitiram a realização desse trabalho.

Aos amigos Guilherme Amaral Luz e Milena Martins, agradeço as inúmeras leituras que ambos fizeram do trabalho, a todas as sugestões dadas e a companhia sempre tão afetuosa. Aos amigos Samira El Saifi, Uliana Dias, Adriana Vieira, Daniela Manini, Marko Monteiro, Marcelo Bressanin, Rosa Manchesski, Regina Paz, Lis Meneguel, Luciana Ribeiro e Cláudio da Silva, que me acompanharam ao longo da elaboração desse trabalho e tornaram meus poucos momentos de lazer muito divertidos e agradáveis. Por último, mas não menos especial, a Janaína Damasceno, que além de grande amiga e entusiasta é, para mim, modelo incontestável de superação e irmã de coração.

À minha família um pouco fora dos moldes, mas muito querida, agradeço o carinho, o cuidado e o apoio, sem os quais tudo seria mais difícil: tia Célia, Elis, Marilda e Luizinho. Agradeço também à minha mãe Odete e a Valéria.

Agradecimentos

Ao Fabiano, a paciência e o respeito pelo meu trabalho, em especial por me proporcionar a "sorte de um amor tranqüilo".

À minha mãe do coração, Marinha, e ao meu pai, Geraldo Bonadio, pelo amor, cuidados, entusiasmo e notadamente pela paciência com a filha sempre tão impaciente. Ao meu pai, por estar sempre disposto a ler cada pedacinho deste livro.

Introdução

É a principal rua da cidade, a de mais comércio e animação. E continuadamente percorrida por bondes e faustosos trens tirados por soberbos cavalos de raça é por ela que transitam diariamente centenas de indivíduos de todas as classes e nacionalidades e é o ponto para onde converge tudo quanto São Paulo tem de mais seleto: políticos, jornalistas, acadêmicos, comerciantes, excursionistas, que formam às portas das lojas diversos grupos, onde discutem os mais variados assuntos.

O que, porém, dá a essa rua um tom alegre e festivo é a grande quantidade de formosas paulistas e italianas que a percorrem em todas as direções, trajando, umas, ricas *toilettes*, outras um vestuário simples, mas elegante, todas alegres, risonhas, e distinguindo-se pela excessiva gentileza e amabilidade com que se dirigem aos conhecidos que encontram.

> Alfredo Moreira Pinto,
> *A cidade de São Paulo em 1900.*

Sai um cidadão à tarde de seu escritório, com a intenção de distrair-se meia hora num ponto aprazível qualquer, antes de ir para casa. Vai pela rua Direita, gozando o ar fresco da tarde, olhando as mulheres bonitas. Entra ao acaso no Mappin ou na Casa Allemã e vai à sala de chá, onde há música, flores e outras mulheres bonitas.

> Erasto de Toledo,
> *A cidade moderna.*

Moda e sociabilidade: mulheres e consumo na São Paulo dos anos 1920

A crescente presença feminina na cidade é uma novidade bastante observada pelos cronistas que escreveram sobre São Paulo das primeiras décadas do século XX. As moças elegantes e risonhas que chamaram a atenção de Alfredo Pinto começavam a ganhar espaço na vida citadina, pois nessa época as atividades das mulheres pertencentes às camadas médias e altas da sociedade já não se restringiam a atividades beneméritas ou religiosas, uma vez que a urbanização ampliou os espaços de sociabilidade e a presença feminina na cidade.

Seria evidente exagero dizer que antes desse período essas mulheres não saíam de casa. Memórias e, mais recentemente, pesquisas nos dão conta do hábito feminino de sair às compras desde meados de 1870.[1] Mas, nesse período, as roupas então em voga, compostas por espartilhos, anquinhas e saias de arrastar, em nada facilitavam a circulação da mulher pela cidade. A partir de meados da década de 1910 e, em especial, ao longo da década de 1920, as formas das roupas mudam: as saias encurtam, os espartilhos são trocados por cintas elásticas, e os vestidos ficam mais simples, retos e soltos no corpo, propiciando maior conforto e liberdade de movimento às mulheres, facilitando-lhes a circulação no espaço público, tendo em vista que as saias não varrem mais o pó do chão e a ausência de espartilhos torna

---

[1] Para Susan Besse, a modernização da infra-estrututra econômica das grandes cidades (pavimentação das ruas, coleta de lixo, iluminação a gás, serviço regular de bondes) propiciou espaço público mais convidativo às mulheres das elites. Por volta de 1870, elas começam a ser vistas, em número cada vez maior, em parques, casas comerciais e salões de chá, ainda que sempre em companhia de parentes ou empregadas. Cf. Susan Besse, *Modernizando a desigualdade: reestruturação da ideologia do gênero no Brasil (1914-1940)* (São Paulo: Edusp, 1999), p. 19. Margareth Rago, por sua vez, relata que o cronista Junius registrou a presença de "grupos de senhoras, que passeiam desacompanhadas do chefe da família ou de outro qualquer homem, fazendo compras, ora entrando nas lojas de moda, nas confeitarias, ora parando para ver o que está nas vitrinas". Cf. Margareth Rago, *Os prazeres da noite* (Rio de Janeiro: Paz e Terra, 1991), p. 54.

Introdução

possível às senhoras aceitar um gole de água nas reuniões sociais.[2] A nova moda facilita os movimentos e funciona como aliada à participação da mulher no espaço público.

No mesmo período, mais precisamente em 1913, a instalação do Mappin Stores na cidade é quase sinônimo de abertura de um novo espaço para a sociabilidade feminina, pois, ao longo dos anos, a casa viria a apresentar número cada vez maior e mais variado de atrações para as mulheres: dos convites quase diários para que as senhoras fossem conhecer as novidades da moda em suas vitrines ao salão de beleza inaugurado em 1926, no segundo piso, é à mulher que a publicidade se dirige na maioria dos anúncios da loja aqui analisados.

A *Revista Feminina* destaca-se não só por ser uma publicação voltada exclusivamente ao público feminino, mas também por ser a única revista do gênero a trazer uma seção fixa de moda, na qual o texto era tão ou mais importante que as imagens. A seção, assinada por Marinette durante doze anos (de 1914 a 1926), ocupava, em média, duas páginas da revista, sendo a maior parte preenchida pelas crônicas polêmicas da jornalista, que defendia as saias e os cabelos curtos e aplaudia o conforto propiciado pelas novidades da moda, que facilitaram às mulheres o passeio pela cidade. Suas crônicas, muitas vezes, destoavam da moral católica e conservadora que permeava o restante da publicação.

A análise dos anúncios do Mappin Stores e da seção "A moda" da *Revista Feminina*, além de fornecerem dados para o estudo da inserção das mulheres das camadas médias e altas no espaço público, proporcionam a observação das já citadas tensões inerentes ao crescimento

---

[2] Barros Ferreira recorda o martírio que as reuniões sociais eram para as mulheres nos tempos dos espartilhos: "Depois de cingido e apertado [o espartilho], madame comparecia confiante e risonha a uma festa onde não podia comer nem tomar um copo d'água porque a compressão do aparelho digestivo não lhe permitia tal liberdade". Cf. Barros Ferreira, *Meio século de São Paulo* (São Paulo: Melhoramentos, 1954), p. 46.

da cidade, pois os anúncios (publicados todos os dias no jornal *O Estado de S. Paulo*), que frisavam ser a loja um espaço para as mulheres de elite, acabavam despertando o desejo de consumo e, conseqüentemente, o de uma espiada em sua vitrine por parte das mulheres das camadas médias e baixas. Já a leitura da seção "A moda" da *Revista Feminina* deixa entrever que, nessa cidade em crescimento, conviviam pelo menos dois tipos distintos de mulheres: as mais afoitas por novidades, e provavelmente simpatizantes das novas modas propagadas pela revista, e as mais apegadas à tradição, que, apesar de se vestirem de acordo com a moda, não aceitavam todas as novidades e faziam questão de reforçar a importância de seu papel de mãe e esposa. Ou seja, ainda que revista e loja se dirigissem a públicos específicos, as imagens difundidas por ambas eram, de certa maneira, consumidas em menor ou maior escala por mulheres de diferentes segmentos, idades e classes sociais.

Enfim, novas modas, espaços e publicidade colaboram para a ampliação da sociabilidade feminina e aproximam a mulher do espaço público; e, ainda que a mulher passe a maior parte do tempo no lar, ou seja, na esfera privada, não mais se encontra privada da vida, no sentido de privação.[3] Ao saírem para comprar e passear pela cidade, incentivadas pela publicidade, essas mulheres estariam em contato com o espaço público,[4] ou seja, com a "vida que se passa fora da família e dos amigos íntimos", num espaço em que "grupos sociais complexos e díspares teriam de entrar em contato, inelutavelmente".[5]

---

[3] Hannah Arendt, *A condição humana* (Rio de Janeiro: Forense Universitária, 2000), p. 68.

[4] Cf. Jürgen Habermas, *Mudança estrutural da esfera pública: investigações quanto a uma categoria da sociedade burguesa* (Rio de Janeiro: Tempo Brasileiro, 1984), pp. 24-25; e Richard Sennett, *O declínio do homem público: as tiranias da intimidade* (São Paulo: Companhia das Letras, 1993), p. 108.

[5] Richard Sennett, O *declínio do homem público: as tiranias da intimidade*, cit., pp. 31-32.

Introdução

Assim, o objetivo deste livro é observar a importância da moda, do comércio de moda para a ampliação da sociabilidade feminina e a inserção da mulher no espaço público – no contexto da cidade de São Paulo, entre os anos 1913-1929, por meio do estudo da publicidade do Mappin Stores, primeira loja de departamentos instalada na cidade em 1913 – e da crônica mensal de moda assinada por Marinette e publicada pela *Revista Feminina* entre 1915 e 1926.

Ainda que o Brasil não tenha participado de forma mais ativa da Primeira Guerra Mundial – conquanto houvesse chegado a declarar guerra à Alemanha –, é ponto pacífico que os efeitos do conflito foram sentidos em terras brasileiras.[6] Destacamos as alterações no cotidiano feminino – o hábito de ir às compras – como um dos efeitos da inflação ocasionada pela guerra, bem como a simplificação dos trajes femininos e a abolição do luxo, que puderam ser sentidas no hemisfério Sul.

Por todos esses motivos, elegi 1913 como marco inicial da pesquisa, que segue até 1929, marco final, que teve início com o *crash* da bolsa de Nova York, em decorrência do qual as elites cafeeiras e a economia nacional sofreram sério abalo econômico e social.

A partir do início dos anos 1930, o Mappin Stores inicia um movimento visando a popularização de sua clientela e dos produtos à venda, de modo a se ajustar às novas feições da população paulistana. A *Revista Feminina* pára de circular em 1936, mas desde 1926 substituíra as crônicas de Marinette por pequenos comentários da portuguesa Maria

---

[6] Um exemplo sobre a influência da Primeira Guerra Mundial no Brasil, e mais especificamente sobre o comércio paulistano, é o esvaziamento da Casa Allemã, que, segundo as memórias de Laura Oliveira Rodrigo Octávio, perdeu muito de sua freguesia no período em que se desenvolveu o conflito, tendo mesmo de fechar as portas, em razão disso, por alguns anos. Cf. Laura O. R. Octávio, *Elos de uma corrente: seguidos de novos elos* (Rio de Janeiro: Civilização Brasileira, 1994), pp. 237-238.

Eça, a propósito dos figurinos apresentados. Assim, são transformados a configuração das elites paulistanas, seus pontos de lazer e a moda. Os cabelos curtos são substituídos por longos glamourosos. Gilda/ Rita Hayworth substitui a *garçonne* de Louise Brooks como modelo de feminilidade. Começa então outra história, o que justifica a escolha de 1929 como o ponto final do presente estudo.

O livro está dividido em duas partes. A primeira é composta de cinco capítulos. O primeiro contextualiza a cidade de São Paulo, suas elites e as camadas médias nas primeiras décadas do século XX. O segundo define o conceito de lojas de departamento e localiza o surgimento desse fenômeno no contexto sócio-histórico do século XIX. O terceiro traça um breve histórico do comércio elegante na cidade de São Paulo nas duas primeiras décadas do século XX. O quarto observa de que maneira o Mappin Stores se configura como um novo lugar para a prática da sociabilidade feminina e relata a rápida expansão alcançada por essa loja no período estudado. O quinto analisa os anúncios do Mappin Stores divulgados nos principais jornais e revistas da cidade de São Paulo (em especial em *O Estado de S. Paulo*), a fim de demonstrar como essas propagandas têm nas mulheres das elites e das camadas médias altas seu público-alvo, e que estratégias utilizam para atrair essa clientela.

A segunda parte, também composta de cinco capítulos, tem por objetivo comparar como a seção de moda da *Revista Feminina* e os anúncios do Mappin Stores comercializam novas imagens e estilo de vida para as mulheres das elites e das camadas médias paulistanas. O primeiro capítulo conceitua o termo moda e explica, por meio de breve histórico, como forma e função das roupas refletem, em maior ou menor escala, as modificações nas definições de masculino e feminino. O segundo observa qual é a imagem feminina divulgada pelos anúncios e catálogos do Mappin Stores entre 1913 e 1929. O terceiro apresenta um breve histórico da *Revista Feminina*. O quarto descreve as principais

Introdução

seções, os colaboradores e a linha editorial da publicação. O quinto analisa a seção "A moda", escrita por Marinette, observando como ela destoa do perfil editorial geral da revista, uma vez que divulga e defende o uso dos cabelos curtos e dos vestidos de corte reto, na altura dos joelhos, práticas muitas vezes criticadas na própria publicação, bem como de que maneira as modas e o estilo de vida expressos nessa seção aproximam as leitoras do espaço público.[7]

Em última instância, o que se pretende analisar é como, nas primeiras décadas do século XX, as mulheres das elites e das camadas médias vão ganhando novos espaços de sociabilidade na cidade de São Paulo e qual a importância da imprensa, da publicidade e do comércio de moda para a aceleração desse processo.

---

[7] Em estudo sobre a importância das revistas femininas para ampliação da cidadania e sociabilidade feminina no início do século XX, Lílian Azevedo destaca que estas, quando difundidas em larga escala (ou seja, alcançam grandes tiragens como *A Cigarra* e *Revista Feminina* nesse período), são importantes veículos de difusão de comportamentos, modelos estéticos e identidades. Cf. Lílian Henrique de Azevedo, *Mulher em revista: representações sobre o feminino nas revistas paulistanas O Pirralho e A Cigarra (1914-1918)*, dissertação de mestrado (Assis: Universidade Estadual Paulista/Faculdade de Ciências e Letras de Assis, 2000).

ABERTURA DE UM NOVO ESPAÇO PARA A MODA E A SOCIABILIDADE FEMININA

São Paulo entra em moda

No limiar do século XIX, deparamos com uma cidade em fluxo, uma cidade que apenas começa a se definir, uma cidade cujo passado não é mais sentido e cujo presente e futuro imediatos se revestem de especial urgência – uma cidade pressionada por questões inexoráveis. Para os grandes filósofos pessimistas, a cidade é o cadinho desta era. Nela o abstrato e o simbólico tornam-se mais inexoráveis que o invisível e o palpável.

Richard Morse,
Formação histórica de São Paulo, de comunidade a metrópole.

No Brasil, uma maior difusão da moda européia ocorre a partir de 1808. A transferência da corte para o Rio de Janeiro e a abertura dos portos, ao lado de outras numerosas conseqüências, determinaram a perda do caráter provinciano que até então ostentava aquela cidade, convertida da noite para o dia em uma capital em contato com o mundo. Outra conseqüência foi o aparecimento da imprensa no país e, com ela, da imprensa feminina, impulsionada especialmente pela moda, pois as senhoras da corte precisavam manter-se informadas a respeito das transformações dos figurinos europeus.[1]

Mesmo com temperaturas tropicais, as senhoras da corte adotaram não apenas os modelos, mas também os tecidos provindos da Europa. Como a indústria têxtil se concentrava na Inglaterra e a produção de tecidos era pensada para proteger homens e mulheres das

---

[1] Dulcília H. S. Buitoni, *Mulher de papel* (São Paulo: Edições Loyola, 1981), p. 12.

Abertura de um novo espaço para a moda e a sociabilidade feminina

baixas temperaturas das cidades européias, a moda era incômoda e nada confortável, em especial para as senhoritas, pois ao excesso de tecido acrescentavam-se as armações de ferro que sustentavam as crinolinas e desenhavam os espartilhos, em uma necessidade que ultrapassava as fronteiras da moda para marcar bem a distinção entre os gêneros.[2]

A integração do Brasil no comércio mundial e a necessidade de abastecer o Rio de Janeiro com mercadorias refinadas, para suprir os gostos e as necessidades das figuras da nobreza e da "boa sociedade" carioca, colaboraram para o rápido desenvolvimento comercial da cidade, em especial dos setores ligados à moda. Mas é a partir de 1850, com a introdução de ferrovias, dos bondes, de benfeitorias no porto, reestruturação no sistema de água e esgoto e inauguração da iluminação a gás, que a moda ganha maior visibilidade. Essa série de reformas provoca maior circulação no espaço urbano e cria novos espaços de sociabilidade, exigindo mais cuidados na apresentação pessoal. Acompanhando a modernização do comércio, instala-se na cidade a primeira loja de departamentos, a Notre-Dame de Paris, acelerando o ritmo da moda pela apresentação mais rápida de novidades.[3] Movimento muito semelhante aconteceria quase ao mesmo tempo em mais de um centro urbano, como é patente, por exemplo, em Manaus e Belém do Pará.[4]

Em São Paulo, o desenvolvimento comercial e a expansão da moda acontecem em conjunto com as transformações que a cidade

---

[2] Cf. Jeffrey Needell, *Belle époque tropical. Sociedade e cultura de elite no Rio de Janeiro na virada do século* (São Paulo: Companhia das Letras, 1993), pp. 196-201.

[3] Cf. José de Alencar, *Sonhos d'ouro*, Série Bom Livro (2ª ed. São Paulo: Ática, 1998); e Joaquim Manuel Macedo, *Memórias da rua do Ouvidor*, VirtualBooks, 2003, disponível em http://virtualbooks.terra.com.br/freebook/port/download/memorias_da_rua_do_ouvidor.pdf, acessado em 23-2-2006.

[4] Cf. Ana Maria Daou, *A belle époque amazônica* (Rio de Janeiro: Jorge Zahar, 2000).

São Paulo entra em moda

sofre em virtude da transferência da elite cafeeira da área rural para a capital do estado, a partir de 1890.[5] A mudança dessa elite para São Paulo moderniza a cidade, dotando-a de luz elétrica, redefinindo o espaço urbano, buscando formas de distinção e ampliando as possibilidades comerciais. São Paulo passa a ser um bom local para investimentos nacionais e estrangeiros nas mais diversas áreas, dentre as quais se destacam a indústria, o comércio e os serviços. A concentração dessa elite cafeeira na cidade torna a Paulicéia um palco excepcional para o teatro das maneiras e aparências. Nesse contexto, será possível observar a relevância e a valorização do abstrato e do simbólico não apenas na apresentação pessoal dos indivíduos desse grupo como também na forma como investem na estruturação física, funcional e arquitetônica da cidade.[6]

A prosperidade da economia cafeeira estimula o investimento no país de grupos estrangeiros franceses, americanos, ingleses e alemães,

---

[5] Na década de 1870, a cidade se torna um centro articulador, técnico, financeiro e mercantil. Em razão da localização geográfica, formava um nó constritor que vinculava os vastos sertões interiores às coordenadas distantes do mercado internacional. A proximidade com o porto de Santos permitia que este fosse atingido mais rapidamente por intermédio das linhas férreas. O novo posicionamento econômico e geográfico da cidade impulsiona o crescimento populacional e, entre 1872 e 1934, a população cresce 5.479% ou 88,3% ao ano. Cf. Nicolau Sevcenko, *Orfeu extático na metrópole: São Paulo, sociedade e cultura nos frementes anos 20* (São Paulo: Companhia das Letras, 1992), p. 109.

[6] Escapa às pretensões deste livro o debate conceitual sobre mulheres e elite. A discussão, extensa e acirrada, não caberia aqui. Ademais, existe uma série de trabalhos acadêmicos sobre a elite em questão, nos quais a matéria foi tratada com a amplitude e a profundidade que me parecem necessárias. Cf. Marina Maluf, *Ruídos de memória: a presença da mulher fazendeira na expansão da cafeicultura*, tese de doutorado (São Paulo: FFLCH – USP, 1994); Maria Luísa Albiero Vaz, *Mulheres da elite cafeeira em São Paulo: conciliação e resistência (1890-1930)*, dissertação de mestrado (São Paulo: FFLCH – USP, 1995). Para informações mais detalhadas sobre os subgrupos que compunham essa elite, ver Renato Perissinotto, "Classes dominantes, Estado e os conflitos políticos na Primeira República em São Paulo: sugestões para pensar a década de 20", em Wilma Costa & Helena Carvalho de Lorenzo (orgs.), *A década de 1920 e as origens do Brasil moderno* (São Paulo: Unesp, 1997), pp. 37-69.

Abertura de um novo espaço para a moda e a sociabilidade feminina

nas mais diversas áreas, em especial naquela ligada às transações comerciais com países europeus,[7] e propicia a formação de outro importante grupo de elite, composto por imigrantes destacadamente italianos, que começavam a prosperar na cidade, como Giusseppe Pugliesi Carbone e Giovanni Biriceola, ambos ligados à área bancária; Guisseppe Martinelli, atuante nos negócios de navegação e importação; e notadamente Francisco Matarazzo, cujos negócios cresceram mais de 100% entre 1887 e 1900, multiplicando-se mais de quatrocentas vezes entre 1900-1911.[8]

O crescimento dos negócios cafeeiros e a conseqüente industrialização ampliam também o mercado de trabalho, abrindo maior espaço para a atuação de profissionais liberais, administradores públicos, oficiais militares, comerciantes, professores, engenheiros, médicos, advogados e economistas, que começam a formar um grupo social que não pararia de crescer nas grandes cidades brasileiras na primeira metade do século XX – as classes médias urbanas.[9]

O desenvolvimento econômico acelerado impulsiona o crescimento desordenado de uma cidade feita para "inglês ver", como bem observou Richard Morse, mas não chega a atender às necessidades de sua população, em especial daquela menos abastada que, além das dificuldades inerentes ao transporte – cujas linhas "não foram planejadas visando as principais configurações de locomoção dos operários entre o lar e o trabalho" – e das carências na área do saneamento básico, muitas vezes tinha de conviver de maneira direta

---

[7] Para informações mais detalhadas sobre a participação de imigrantes e grupos estrangeiros na economia paulistana na Primeira República, ver Warren Dean, *A industrialização de São Paulo (1880-1945)* (São Paulo: Difel, 1971).

[8] Cf. José de Souza Martins, *Conde Matarazzo: o empresário e a empresa: estudo de sociologia do desenvolvimento* (São Paulo: Hucitec, 1973), p. 36.

[9] O grupo ainda é pequeno na década de 1920, em São Paulo, mas ganharia expressividade na década de 1930.

com a poluição gerada por fábricas e oficinas.[10] A convivência entre habitação e indústria se tornou coisa freqüente e comum ainda nos últimos anos do século XIX, em razão da falta de "regulamentações de zoneamento que isolassem [...] grandes oficinas".[11]

Enquanto a São Paulo das classes mais baixas era caracterizada pelo caos e pela falta de condições, a "cidade das elites" era muito diferente. Além do privilegiado acesso aos bondes, os moradores dos casarios arquitetonicamente diversificados da asfaltada avenida Paulista, do requintado Campos Elíseos e ainda do Jardim América podiam desfrutar de toda a sorte de serviços e diversões que pululavam pela cidade.[12] Mesmo entre os investimentos municipais na área de parques e jardins, aqueles que se localizavam nos bairros ricos recebiam atenção especial: "o popular jardim da Luz [...] tinha seu acesso fechado às dezoito horas, enquanto o parque da avenida Paulista, mais reservado, permaneceria aberto e todo iluminado até as 23 horas".[13] Nos bairros populares, as praças públicas e "os espaços reservados para jardins ou parques infantis são insuficientes, muitas vezes negligentes e inconvenientemente situados, e, com algumas exceções, destinados mais a enfeite do que ao uso.[14]

---

[10] Richard Morse, *Formação histórica de São Paulo, de comunidade a metrópole* (São Paulo: Difel, 1970), p. 296.

[11] Richard Morse apresenta o exemplo de um grupo de moradores da Vila Buarque que, em 1896, se queixou ao jornal *O Estado de S. Paulo* de que uma nova serraria "queimava fitas de madeira cuja fuligem é levada pelos ventos em todas as direções, penetrando no interior das casas e tudo denegrindo". Richard Morse, *Formação histórica de São Paulo, de comunidade a metrópole*, cit., p. 296.

[12] Richard Morse relata que, "Embora se dedicasse tanto a bairros de luxo quanto a bairros da classe média operária, a *City* é mais conhecida pela sua criação do grã-fino Jardim América, que serviu de modelo para outros jardins contíguos criados mais tarde sobre outros auspícios". Cf. Richard Morse, *Formação histórica de São Paulo, de comunidade a metrópole*, cit., p. 367.

[13] Nicolau Sevcenko, *Orfeu extático na metrópole: São Paulo, sociedade e cultura nos frementes anos 20*, cit., p. 133.

[14] Richard Morse, *Formação histórica de São Paulo, de comunidade a metrópole*, cit., p. 368.

O Teatro Municipal, espaço monumental, maior e mais ostensivo que o teatro da Capital Federal inaugurado em 1909, é um ótimo exemplo de obra governamental que, apesar de tecnicamente definida como "espaço público", na prática estava reservada ao desfrute das elites citadinas. A construção do teatro foi um dos pontos nucleares da administração de Antônio Prado na Prefeitura de São Paulo. Iniciada e projetada pelo arquiteto Cláudio Rossi, em associação com Domiziano Rossi, a obra foi finalizada por Ramos de Azevedo em 1911 e "de imediato [...] revelou o seu espetacular potencial cenográfico, dominando todo o Vale do Anhangabaú a partir do topo da colina do Chá". Tornou-se rapidamente ponto de atração para as mais destacadas companhias de teatro, ópera e dança – dentre as quais é possível destacar os balés russos de Diaghliev (cujo bailarino principal era Nijinski), os bailados de Ana Pavlova e Isadora

Figura 1: As atrações culturais incentivam o comércio elegante de trajes de *soirée*.

Duncan –, além de apresentações de pianistas de vanguarda como Arthur Rubinstein e Luba d'Alexandrowska.[15]

As elites dispunham ainda de outras opções de lazer, como clubes esportivos, salões de chá, confeitarias, *dance halls*, além de outros teatros como o Politeama – que se destacava pela ótima acústica,[16] o Santana e o São José, os quais também apresentavam programação primorosa. Tais espaços se multiplicavam com rapidez e não ficavam devendo nada às diversões encontradas em terras d'além mar. A vida pública se intensifica rapidamente, levando paulistanos e paulistanas a se preocuparem cada vez mais com a aparência em público. O crescimento do comércio de luxo, conseqüência inevitável do processo iniciado pela transferência da elite cafeeira para São Paulo, ganha força com o aceleramento da industrialização.[17]

O espaço do comércio de moda no centro da cidade seria o local privilegiado das mulheres de elite, ainda que fosse apenas um recanto dentro de uma área predominantemente masculina. A transformação da moda viria a colaborar para a inserção da mulher no espaço público na São Paulo na década de 1920, possibilitando, a partir da comodidade e da facilitação do consumo (atividade que vinha se caracterizando como tipicamente feminina), o desenvolvimento de uma nova forma de sociabilidade.

O período aqui enfocado (1914-1930) é um momento de contínua mudança para a sociedade paulistana. Nele, as "mulheres das classes urbanas média e alta aproveitaram com rapidez as novas opor-

---

[15] Nicolau Sevcenko, *Orfeu extático na metrópole: São Paulo, sociedade e cultura nos fremetes anos 20*, cit., p. 232.

[16] Assim, relata Laura O. R. Octávio. Cf. Laura O. R. Octávio, *Elos de uma corrente: seguidos de outros elos* (Rio de Janeiro: Civilização Brasileira, 1994), p. 245.

[17] Sobre o crescimento do comércio de luxo em São Paulo entre 1889-1930, ver Marisa Deaecto, *Comércio e vida urbana na cidade de São Paulo (1889-1930)* (São Paulo: Editora Senac São Paulo, 2002).

Abertura de um novo espaço para a moda e a sociabilidade feminina

tunidades [...] para ampliar sua participação social".[18] Ao relatar as diversas formas utilizadas pela mulher para "entrar na esfera pública", Susan Besse coloca lado a lado o consumo, o estudo, a atuação profissional em carreiras antes masculinas e a constituição de organizações feministas. Destaca ainda que fazer compras havia se tornado uma instituição importante para as mulheres após a Primeira Guerra Mundial. Segundo a autora, a tarefa nasceu de uma necessidade ocasionada pela mudança das famílias de elite para os centros urbanos no decorrer do século XIX. Com isso, os grupos familiares

> [...] perderam gradativamente suas funções produtivas, tornando-se unidades de consumo. Enquanto as fazendas do Brasil haviam sido relativamente auto-suficientes – apoiadas em grandes contingentes de empregados e escravos para produzir alimentos, roupas e outras necessidades da família [...] –, as famílias urbanas dependiam cada vez mais dos bens de consumo e dos serviços oferecidos pelo mercado.[19]

A transformação da família em unidade de consumo e da mulher em agente consumidor permite que a mulher se aproxime do espaço público: "sair sozinha para as compras já não é coisa malvista".[20] E ainda que as mulheres, a princípio, saíssem de casa para abastecer o

---

[18] Susan Besse, *Modernizando a desigualdade: reestruturação da ideologia do gênero no Brasil: (1914-1940)*, (São Paulo: Edusp, 1999), p. 2.

[19] *Ibid.*, p. 20.

[20] Jorge Americano lembra que, ainda em 1908, "Moça jamais podia sair de casa sozinha para ir para o centro da cidade. Tinha de ir acompanhada pela mãe, ou por irmão ou irmã, mesmo pequenos; ou por um sobrinho. Também a mãe não podia sair de casa sozinha. Tinha de ir acompanhada pela filha ou pelo neto". Ver Jorge Americano, *São Paulo naquele tempo (1895-1915)* (São Paulo: Saraiva, 1957), p. 79. Relato semelhante é feito por dona Brites (1903-?): falando de sua infância, ela se lembra de que "Não era uso naquele tempo uma senhora sair sozinha de casa, tinha de levar uma criança. Então quando tia Brites ia visitar um amigo eu era a escolhida, às vezes". Cf. Ecléa Bosi, *Memória e sociedade: lembranças de velhos* (São Paulo: TAQ, 1979), p. 234.

São Paulo entra em moda

lar e suprir as necessidades básicas da família, logo essa tarefa se aliará ao lazer e à individualidade feminina.

Ainda no início do século XX, era possível comprar quase tudo na porta de casa: os vendedores ambulantes vendiam de gêneros alimentícios a acessórios de costura, produtos de jardinagem, vassouras e cestas. Muitos serviços também eram oferecidos pelos ambulantes, que afiavam facas, realizavam pequenos consertos em utilitários, empalhavam cadeiras e até tingiam roupas. Com a Primeira Guerra Mundial, veio a inflação, que obrigou "os donos das bancas do Mercado Central (de quem os vendedores ambulantes compravam suas mercadorias)" a subir os preços dos produtos. A reação do Governo de São Paulo foi "a instalação de feiras livres nos bairros onde os sitiantes podiam vender sua produção diretamente aos consumidores", o que acabou por estimular as mulheres a saírem de casa (sozinhas ou acompanhadas por empregadas) para fazer compras, atividade que em pouco tempo se tornou tarefa diária.

O comércio de vestuário também sofreu alterações significativas nesse período, oferecendo maior variedade de produtos. Até meados de 1910, a oferta de roupas prontas para homens e crianças era mínima. Com exceção das roupas de cama, mesa e banho, e de algumas peças do vestuário feminino, a maior parte das coisas era encomendada em costureiras. Em meados da década de 1920, não só aumenta de forma significativa a variedade de roupas prontas como sua confecção ganha novo *status* com a expansão das lojas de departamentos, que apresentam número maior de novidades, em especial no que diz respeito às peças de vestuário e aos acessórios de moda.[21] Mulheres que tinham condições de pagar os preços de varejo compravam

---

[21] Nesse período, as roupas prontas mais anunciadas pelo Mappin eram calças para montaria, maiôs e uniformes para tênis; uniformes escolares e para criados, capas de chuva, roupas de baixo, camisas, *manteaux,* peles e vestidos de *soirée.*

Abertura de um novo espaço para a moda e a sociabilidade feminina

[...] "roupas feitas", bem como acessórios da moda. As que tinham ambições sociais, mas recursos escassos, copiavam cuidadosamente os modelos vendidos nas lojas, esperando que outros não percebessem que suas roupas eram feitas em casa. As que viviam com orçamento apertado guardavam cuidadosamente cada uma das roupas compradas em lojas como preciosidades.[22]

Os dados arrolados indicam crescente valorização do *status* das roupas prontas, adquiridas no comércio de varejo, em especial nas casas mais luxuosas como o Mappin Stores[23] e a Casa Allemã, que se especializaram em colocar no mercado nacional o melhor da moda produzida na Europa.

Ainda que as atividades de consumo relegadas às mulheres não se restringissem aos produtos de vestuário, eram estes os que mais as atraíam, fosse pela propaganda, fosse pela ansiedade gerada pelo momento de mudança ou pela vontade de adequar-se à modernidade, à paisagem urbana, exibindo as últimas novidades da moda como capital simbólico.

Estudos recentes sobre as mulheres das elites paulistanas da Primeira República concordam sobre a importância da aparência como fator de distinção social dentro daquele grupo, como, por exemplo, os trabalhos de Marina Maluf e Maria Luísa Albiero Vaz, que procuram recuperar as mulheres das elites cafeeiras como objeto de estudo

---

[22] Susan Besse, *Modernizando a desigualdade: reestruturação da ideologia do gênero no Brasil (1914-1940)*, cit., p. 21.

[23] Wanda Ferron considera a instalação do Mappin Stores em São Paulo "uma prova contundente do crescimento do comércio de luxo" na cidade. Wanda Marelonka Ferron, *Fazer roupa virou moda: um figurino de ocupação da mulher (São Paulo 1920-1950)*, tese de doutorado (São Paulo: FFLCH – USP, 1995), p. 140.

São Paulo entra em moda

e, ainda que de forma marginal, dedicam bastante espaço à relevância da aparência para esse grupo social, ao qual a esfera do parecer era, sem dúvida, um espaço privilegiado de afirmação da sua condição de elite tradicional. Ambos os estudos utilizam o vestuário, os ornamentos e a moda como signo primordial de distinção social, em especial após a transferência do grupo do meio agrário para as cidades, momento em que não apenas aumentam os espaços de sociabilidade como surge a necessidade de se distinguir de outras elites.

A partir da segunda metade do século XIX, o grupo cafeicultor paulista começa a buscar todas as formas de se constituir como classe social. Para Maria Luísa Albiero Vaz,

> [...] o estudo de uma sociedade historicamente dada necessita ir além do conceito de classe enquanto categoria, pois nelas predominam os interesses funcionais. No caso específico da elite cafeira, levando-se em consideração seu grau de influência na condução da política partidária e econômica, visando principalmente a valorização do café, está se falando de uma classe que tem um estilo de vida peculiar.[24]

Essa classe responsável pela "transição para a modernidade", pela qual a capital paulistana passou no início do século XX, conquista visibilidade não apenas pelo capital proveniente do café, mas também pela aplicação desse capital, investido na urbanização da cidade, nos equipamentos, nas ferrovias, no setor financeiro: "não são elite apenas porque se destacam aqui e acolá, nem somente porque fazem parte de um grupo que está forjando sua identidade numa sociedade

---

[24] Maria Luísa Albiero Vaz, *Mulheres da elite cafeeira em São Paulo: conciliação e resistência (1890-1930)*, cit., p. 36.

Abertura de um novo espaço para a moda e a sociabilidade feminina

de classes, e sim por ambos os motivos".[25] Isto é, a elite cafeeira distingue-se de outras classes não apenas pelo seu poder aquisitivo, mas em razão de seu "estilo de vida", evidenciado pela utilização dos bens de consumo como prova de distinção social, sendo a moda uma amostra significativa desse "capital simbólico".[26]

Podemos afirmar que, com a linguagem, a educação e a cultura, a moda é uma das marcas e distinções "visíveis" pelas quais o ser social das elites ganha realidade e indica a posição específica daqueles que dela participam no todo da sociedade, ou seja, "muitas das propriedades de uma classe social advêm das relações simbólicas que ela desenvolve e que tem por função tornar a situação conhecida e reconhecida".[27]

Entretanto, a simples posse de bens não garante o *status*. A posse de bens constitui a base para a classificação social, isto é, em primeira instância, o conceito de classe definiria um grupo de pessoas que "tem em comum um componente causal específico em suas oportunidades de vida e na medida em que esse componente é representado exclusivamente pela posse de bens e pelas oportunidades de ren-

---

[25] *Ibid.*, pp. 36-37.

[26] "O estilo de vida é um elemento fundamental, dentro da ordem simbólica, na definição de grupo de *status*. Se as classes sociais, dentro do esquema weberiano, se definem fundamentalmente em função das diferentes 'situações de mercado', os grupos de *status* dependem do consumo de bens (materiais ou não) expresso simbolicamente por um estilo particular de vida. Assim a posse de bens se traduz em consumo simbólico, em signos ou diferenças significantes. [...] O estilo de vida significa relações de associação ou dissociação no sistema de estratificação." Ver Alfonso Alvarez Villar, *apud* Benedicto Silva (org.), *Dicionário de ciências sociais* (São Paulo: Fundação Getúlio Vargas, 1986), p. 420.

[27] Marina Maluf, estudando as mulheres de elite que viviam em áreas de zona rural em desenvolvimento, ressalta a importância das aparências para o grupo cafeeiro, antes mesmo que este tivesse se transferido do campo para a cidade. Marina Maluf, *Ruídos de memória: a presença da mulher fazendeira na expansão da cafeicultura*, cit., p. 220.

da".[28] Todavia, o fato de pertencer a determinada classe social, mesmo ao grupo das elites, não significa que este constitua um grupo de *status*, pois essa classificação não é determinada exclusivamente por motivos econômicos. O que distingue e determina um grupo é a "honra estamental" expressa pelo estilo de vida e pela busca de privilégios, como o direito de se dedicar a certas artes por diletantismo, prática que, no caso das elites cafeeiras paulistanas, pode ser plenamente exemplificada pela difusão do hábito de tocar piano, comum entre as moças.

Portanto, um estamento como a elite cafeeira se diferencia de outros grupos pertencentes à mesma classe por meio da honra estamental, "expressa normalmente pelo fato de que, acima de tudo, um estilo de vida específico pode ser esperado de todos que desejam pertencer ao círculo".[29] Assim sendo, o grupo cafeicultor, constituindo um grupo de *status*, desenvolve uma série de "relações simbólicas que se transformam em marcas de distinção",[30] dentre as quais é possível destacar moda, linguagem, estratégias de casamento e maneiras, que são apresentadas como capital social, como formas preexistentes, quase como uma herança que passa de geração a geração. Essa dita herança cultural é denominada por Pierre Bourdieu como *habitus*:[31] "O essencial é que, ao serem percebidas por meio des-

---

[28] Max Weber, "Classe, estamento, partido", em *Ensaios de sociologia* (Rio de Janeiro: Zahar Editores, s/d.), p. 212.

[29] *Ibid.*, p. 219.

[30] Maria Luísa Albiero Vaz, *Mulheres da elite cafeeira em São Paulo: conciliação e resistência (1890-1930)*, cit., p. 37.

[31] "Os *habitus* são princípios geradores de práticas distintas e distintivas – o que o operário come e sobretudo sua maneira de comer, o esporte que pratica e sua maneira de praticá-lo, suas opiniões políticas e suas maneiras de expressá-las diferem sistematicamente do consumo ou das atividades correspondentes ao empresário industrial; mas são também esquemas classificatórios, princípios de visão e de divisão de gostos diferentes." Pierre Bourdieu, "Espaço social e espaço simbólico", em *Razões práticas: sobre a teoria da ação* (Campinas: Papirus, 1996), p. 22.

Abertura de um novo espaço para a moda e a sociabilidade feminina

sas categorias sociais de percepção, desse princípio de visão e de divisão, as diferenças simbólicas constituem uma verdadeira linguagem", formando, assim, um sistema simbólico de distinção.[32] Por fim, o tempo livre seria outro fator importante para um grupo de *status*, pois é condição *sine qua non* para a prática de uma série de atividades distintivas, como esportes, passeios pela cidade e compras.[33]

Todavia, de modo isolado, o estilo de vida não é suficiente para definir um grupo social. Exemplo disso é a proximidade de hábitos adotados por alguns indivíduos da "classe média em formação", em especial aquela formada por homens que haviam cursado faculdades, escolas militares ou comerciais. Esse grupo, ainda que não possuísse o poder aquisitivo das elites, buscava se equiparar a elas por intermédio da utilização de boas maneiras, da polidez, dos hábitos refinados e da aparência, vestindo-se, "à moda européia".[34] Em termos de estilo de vida, o maior diferencial entre os dois grupos provavelmente seria a possibilidade reservada às elites da prática de esportes e/ou a dedicação às artes por diletantismo e/ou o tempo livre. De qualquer modo, no que se refere às mulheres das camadas médias, é provável que essa distinção não fosse tão perceptível, uma vez que a maior parte delas não trabalhava fora e, em alguns casos, tinha empregadas domésticas, o que lhes permitia desfrutar de algum tempo livre.

O que o parágrafo anterior evidencia é que a aparência já não era uma forma de as elites tradicionais marcar sua posição e se diferenciar das classes mais baixas. O mesmo pode ser dito em relação à classe

---

[32] *Ibidem.*

[33] Bourdieu ressalta: "Tudo permite supor que a probabilidade de praticar os diferentes esportes depende, em graus diversos para cada esporte, do capital econômico e, de forma secundária, do capital cultural e do tempo livre". Pierre Bourdieu, "Como é possível ser esportivo", em *Questões de sociologia* (Rio de Janeiro: Marco Zero, 1983), p. 150.

[34] Brian Owensby, *Intimate Ironies: Modernity and the Making of Middle-Class Lives in Brazil* (Stanford: Stanford Press, 1999), p. 32.

São Paulo entra em moda

formada por imigrantes, que, desde fins do século XIX, não parava de crescer na nova metrópole, como pode ser verificado na história da ocupação da avenida Paulista. Inaugurada em 1893, abrigava, a princípio, as residências dos afortunados do café. A partir da década seguinte, entretanto, o local "passaria a acolher imigrantes enriquecidos ou famílias ligadas a atividades financeiras e imobiliárias que construiriam amplas residências para rivalizar com os 'barões do café'."[35]

O espaço habitado e freqüentado pelos grupos mencionados anteriormente seria uma "cidade das elites", ou seja, uma cidade que reflete muito pouco a condição da São Paulo real, suas mazelas e a falta de estrutura para a crescente população de baixa renda que se acotovela nas fábricas, nos bondes, nos bairros sem energia elétrica e saneamento básico. Serve, antes, de vitrine para o mundo, uma vitrine que apresenta menos as mercadorias da loja e mais o estilo de vida cosmopolita dos seus poucos, porém ricos, habitantes.[36] Enfim, uma "cidade dentro da cidade".[37] Era dentro dela que se localizavam os clubes reservados, os teatros, os clubes esportivos, os salões de danças e as ruas do Triângulo, espaço público no qual se concentrava não só o comércio elegante da capital paulista, mas também as senhoras e senhoritas em seus *footings* no fim da tarde.

Diante desse espaço simbólico e dessa mescla social, a aparência feminina ganha maior visibilidade, impulsionando a difusão da cul-

---

[35] Paulo Cézar Garcez Marins, "Habitação e vizinhança. Limites de privacidade no surgimento das metrópoles brasileiras", em Nicolau Sevcenko (org.), *História da vida privada*, vol. 3 (São Paulo: Companhia das Letras, 1998), p. 175.

[36] Mônica R. Schpun, *Beleza em jogo: cultura física e comportamento social em São Paulo dos anos 20* (São Paulo: Editora Senac São Paulo/Boitempo, 1999), p. 19.

[37] Ou seja, um espaço "verdadeiramente moderno" dentro da cidade (dotado, entre outras coisas, de equipamentos de lazer), no qual circulam e habitam as elites. Essa cidade dentro da cidade seria fruto de uma política de urbanização que beneficiava esse grupo. Cf. Mônica R. Schpun, *Beleza em jogo: cultura física e comportamento social em São Paulo dos anos 20*, cit.

Abertura de um novo espaço para a moda e a sociabilidade feminina

tura da beleza e conferindo à moda caráter primordial, pois é por intermédio da roupa e dos acessórios que as mulheres das elites procurarão marcar sua posição na sociedade e distinguir-se das demais, uma vez que na cidade o acesso ao gosto é público, seja pelas vitrines das lojas ou pela seção de Marinette, que deixa a última moda e o bom gosto ao alcance de todas.

Lojas de departamentos

Baudelaire entendia de entorpecentes. Não obstante, passou-lhe despercebido um de seus efeitos sociais mais importantes. Trata-se do charme que os viciados manifestam sob a influência da droga. A mercadoria, por sua vez, retira o mesmo efeito da multidão inebriada e murmurante ao seu redor.

Walter Benjamin,
"O *flâneur*", em *Charles Baudelaire: um lírico no auge do capitalismo.*

Antes de estudar o Mappin Stores, parece-me importante caracterizar as lojas de departamentos, fenômeno de consumo que se inicia ao mesmo tempo na França e nos Estados Unidos, revolucionando não só o comércio, mas também as práticas de consumo a partir da segunda metade do século XIX.[38]

As lojas de departamentos são "uma resposta à fábrica". Os grandes pedidos de compra realizados por essas lojas, além de estimular a produção, conseguiam abatimentos, o que tornava possível oferta maior na quantidade de produtos a preços mais baixos, possibilitan-

---

[38] Para tanto, tomarei por base o estudo de Michel B. Miller sobre a loja francesa Bon Marché, *Au Bon Marché (1869-1920): le consomateur apprivoisé* (Paris: Armand Collin, 1987); Richard Sennett, *O declínio do homem público: as tiranias da intimidade* (São Paulo: Companhia das Letras, 1993), em especial o capítulo 7, "O impacto do capitalismo industrial na vida pública"; Elizabeth Wilson, *Enfeitada de sonhos: moda e modernidade* (Lisboa: Edições 70, 1985), em especial o capítulo 7, "A moda e a vida na cidade"; e William Leach, *Land of Desire: Merchants, Power, and the Rise of a New American Culture* (Nova York: Pantheon Books, 1993). Acerca do famoso magazine americano Wanamaker's, nossas principais referências tratam da França e dos Estados Unidos.

Abertura de um novo espaço para a moda e a sociabilidade feminina

do a circulação mais rápida destes e a conseqüente atração de ampla clientela. Assim, venda de grande variedade e quantidade de mercadorias com baixa margem de lucro, a preços fixos e claramente marcados, pode ser considerada a principal característica das lojas de departamentos.[39] A essas razões é possível acrescentar ainda a presença de vitrines de vidro, a divisão por especialidade, o conceito de compra como "aventura divertida", na qual a cortesia, as novidades, a exibição cuidadosa e a circulação despreocupada tornavam a aquisição da mercadoria um mergulho em uma fantasia sociocultural.[40] Com o fim das leis aduaneiras, os comerciantes europeus puderam diversificar as mercadorias em suas lojas. A perda da rigorosa especialização seria outra característica das lojas de departamentos.[41] É a partir do final da década de 1830 que os preços se tornam fixos e visíveis ao consumidor. Na década seguinte, surgem os *magasins de nouveautés* – butiques que reuniam mercadorias diversas –, que se resumiam, em um primeiro momento, aos tecidos e objetos de luxo – drapeados, forros para decoração, botões, luvas e peças confeccionadas, como robes de chambre, xales e, ocasionalmente, acessórios, sombrinhas e armarinhos.[42] Um ponto importante é a predominância inicial, nesse tipo de estabelecimento, dos artigos ligados de maneira direta ou indireta ao vestuário. Ao longo dos anos, os estoques

---

[39] Richard Sennett, *O declínio do homem público: as tiranias da intimidade*, cit., pp. 181-183.

[40] Jeffrey Needell, *Belle époque tropical: sociedade e cultura de elite no Rio de Janeiro na virada do século*, cit., pp. 191-193.

[41] Na França, a concentração comercial das lojas de departamento tornou-se possível graças ao desenvolvimento dos transportes e, no caso específico de Paris, à nova configuração dada ao centro, como resultado das reformas "haussmanianas" que impulsionaram a concentração de grandes áreas comerciais centrais da cidade. Antes das reformas de Haussmann, a comunicação dos bairros mais longínquos com o centro de Paris era extremamente difícil e limitada, prendendo os parisienses a seus *quartiers*. Michel Miller, *Au Bon Marché (1869-1920): le consomateur apprivoisé*, cit., p. 21.

[42] *Ibid.*, p. 26.

Lojas de departamentos

foram sendo diversificados, e esses estabelecimentos aumentaram a variedade de peças prontas de vestuário e ampliaram suas instalações, até se tornarem lojas de departamentos. As principais lojas de departamentos parisienses iniciaram suas atividades ainda no século XIX, como o Louvre, o Printemps e o Bon Marché; no entanto, não podiam, a princípio, ser caracterizadas como tal – eram apenas lojas especializadas que, com o fim das leis aduaneiras, passaram a vender tecidos finos, armarinhos, leques, xales, flores artificiais e outros artigos de luxo. Apenas na segunda metade do século XIX é que tomam forma de grandes magazines.[43]

Outra prática comercial nova adotada por esse tipo de casa é a aproximação do público com a mercadoria, sem compromisso de compra. Qualquer pessoa podia entrar na loja sem ter a obrigação de comprar o produto, mas isso ainda não era comum. Aos poucos, a prática do *don't touch* foi sendo substituída pelo *get closer*,[44] isto é, as mercadorias foram ficando cada vez mais próximas do público, expostas em vitrines ou balcões, e os preços, marcados, fixos e visíveis ao consumidor. Além disso, tornou-se possível tocar as mercadorias, aproximar-se delas, experimentá-las e analisá-las antes de decidir ou não pela compra, o que aumentou a interatividade entre produto e

---

[43] *Ibid.*, p. 23. Entre os historiadores, não há concenso sobre qual foi a primeira loja de departamento. Segundo Elizabeth Wilson, estabelecimentos com características de lojas de departamento surgem ao mesmo tempo – entre as décadas de 1830-1840 – nos Estados Unidos e nas principais capitais européias. Apesar de o francês Bon Marché reclamar o título de primeira grande loja de departamento – a loja iniciou as atividades em 1852 –, há indícios de que duas lojas inglesas, a Kendal Milne, em Manchester, e a Baindbridge, em Newcastle, funcionassem, mesmo que de forma embrionária, como lojas de departamento ainda na década de 1840. Por outro lado, o historiador Ralph Hower sugere que a primeira tentativa desse tipo de estabelecimento comercial na Europa foi a londrina W. Hitchcock, que em 1939 já estava organizada em doze departamentos. Cf. Elizabeth Wilson, *Enfeitada de sonhos: moda e modernidade*, cit., p. 197.

[44] William Leach, *Land of Desire: Merchants, Power, and the Rise of a New American Culture*, cit., p. 73.

consumidor. A essas novas práticas somam-se os inúmeros serviços e comodidades oferecidos pelas lojas, como salão de beleza, estacionamento, babás para as crianças, sala de leitura, salão de chá e restaurante. A nova configuração comercial propicia a criação do *shopping*, ou seja, o hábito de sair para passear pelo comércio.[45]

Figura 2: Tapetes no corrimão, louças nas prateleiras, não há vidros nem balcões – é o *get closer* aproximando as mercadorias do consumidor.

Além dessas práticas, outro ponto a ser destacado é a teatralidade, que passa a permear toda tática comercial nos magazines, da decoração aos anúncios. Os diversos estudos sobre lojas de departamentos concordam plenamente em um ponto: muito do sucesso desse tipo de empreendimento ocorreu em razão da teatralidade com que a loja apre-

---

[45] Segundo o *Dicionário Larousse de poche* (Paris: Larousse, 1995), a palavra *shopping* – utilizada por Michel Miller, em sua obra *Au Bon Marché (1869-1920): le consomateur apprivoisé*, cit., p. 25 – é definida como "percorrer as lojas para olhar e fazer compras".

Lojas de departamentos

sentava seus produtos – seja nas vitrines, nos anúncios, nos manequins seja nos balcões –, envolvendo-os em novas simbologias, além daquelas utilitárias e conhecidas. Uma caçarola colocada em uma réplica de harém mourisco na vitrine de uma loja não era mais um simples utilitário doméstico, mas um objeto envolvido por uma simbologia que elevava e (re)mitificava seu *status*: ao adquirir um produto, o consumidor estaria "comprando" também essas significações. Os proprietários das lojas de departamentos se preocupavam em atribuir novos sentidos às mercadorias, ao anexar um conjunto de associações aos produtos vendidos, ainda que estes não tivessem nenhuma ligação com a utilidade do objeto. A ordem era mitificar as mercadorias.[46]

Figura 3: Cadeiras em forma de cavalinhos transformam o "cortar os cabelos" em um passeio de carrossel! Diversão para as crianças, mais um serviço oferecido às mães (Mappin Stores, década de 1920).

---

[46] Richard Sennett, *O declínio do homem público: as tiranias da intimidade*, cit., p. 184.

Abertura de um novo espaço para a moda e a sociabilidade feminina

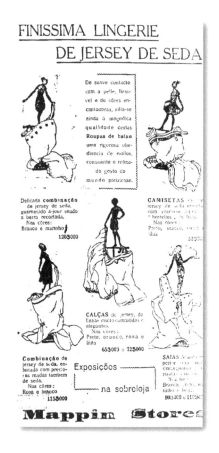

Figura 4: Associadas às bailarinas de Degas, as *lingeries* ganham *status* de obra de arte e a leveza dos movimentos do balé clássico.

A teatralidade também se manifesta na decoração das lojas de departamentos, que, em razão disso e dos serviços oferecidos aos clientes, passam a caracterizar mais um "lugar" que uma loja.

> As lojas de departamentos parecem lojas em tudo, mas a teatralidade, os meios imaginativos dependiam da existência de comodidades e transcendência ao mesmo tempo. Um decorador da loja, Jerome Kroeber, declarou que o ponto era eliminar a "loja". Os donos das lojas destruíram a velha realidade associa-

Lojas de departamentos

da ao comércio varejista e criaram uma nova realidade que vorazmente incorporou todo mito e fantasia, todo costume e tradição, para atrair as pessoas e mantê-las dentro da loja.[47]

Sai, portanto, a loja e surge o lugar, caracterizado pela centralidade nas sociedades urbanizadas. Para Milton Santos, "O que define lugar é exatamente uma teia de objetos e ações com causa e efeito, que formam um contexto e atingem todas as variáveis já existentes internas e novas, que vão se internalizar". No entanto, "cada lugar combina variáveis de tempos diferentes. Não existe um lugar onde tudo seja novo ou tudo seja velho". As lojas de departamentos seriam, então, um lugar de confluência entre o velho comércio varejista, acrescido de uma série de novidades que o caracterizam. Entre as principais novidades desse lugar, é possível destacar as novas formas de comércio (livre circulação e não-obrigatoriedade de compra) e as inovações tecnológicas: iluminação, escadas rolantes, elevadores, vitrines, etc. A presença do novo é o que permite caracterizar essa forma comercial de grande magazine; são as novidades que atraem os consumidores. "Tanto o novo quanto o velho são dados permanentes da história; acotovelam-se em todas as situações. Mas, se os elementos de uma dada situação trabalham em conjunto, é o novo que aparece como dotado de maior eficácia."[48]

Preservando a magnitude arquitetônica utilizada há muito por igrejas e palácios, as lojas de departamentos se caracterizariam pela adoção de uma estética toda especial, colocando em prática o sistema de livre

---

[47] William Leach, "Transformations in a Culture of Consumption: Women and Departament Stores, 1890-1925", em *The Journal of American History*, 71 (2), Bloomington, setembro de 1994, pp. 325-326.

[48] Milton Santos, *Metamorfoses do espaço habitado: fundamentos teóricos e metodológicos da geografia* (São Paulo: Hucitec, 1996), pp. 96-99.

Abertura de um novo espaço para a moda e a sociabilidade feminina

circulação do cliente e a forma arquitetural empregada nesses estabelecimentos, o que proporcionava visão de diversos pontos da loja onde quer que o cliente estivesse, impulsionando-o a fazer um passeio por todo o recinto, convidando-o a desfrutar daquele ambiente e levar consigo parte dele por intermédio da compra de alguma mercadoria.

As lojas usam em sua decoração elementos antes restritos à realeza e à igreja, utilizando-os com o mesmo intuito: impressionar e causar admiração. A diferença está em que, ali, pessoas comuns também poderiam usufruir do *glamour*. A importância da nova estética comercial que as lojas de departamentos carregam consigo é um de seus elementos fundamentais. Além da inovação da utilização de materiais na decoração e na arquitetura, chama a atenção a introdução de uma forma especialmente inovadora de exposição da mercadoria: as vitrines, desconhecidas antes de 1885, quando o habitual era expor as mercadorias amontoadas na porta da loja ou em bancos, na frente delas.[49]

Assim, organizando a exposição dos produtos sob nova forma, as vitrines tornam-se um espaço privilegiado para a teatralização das mercadorias, sendo, muitas vezes, montadas como verdadeiros cenários. Em uma era pré-tevê, as "vitrines-espetáculos" foram responsáveis pela criação de novo nível para o olhar, capaz de chocar intelectuais como Henry James ou Edna Ferber. Anúncios, cartazes ou qualquer outra estratégia de marketing visual foram tão eficazes quanto as vitrines para atrair, surpreender e – por que não? – entreter os consumidores.[50]

---

[49] William Leach destaca que, antes das lojas de departamento, a exposição de mercadorias não merecia grandes cuidados, e as lojas costumavam amontoá-las de forma desleixada e pouco atraente. Cf. William Leach, *Land of Desire: Merchants, Power, and the Rise of a New American Culture*, cit., p. 72.

[50] *Ibid.*, p. 55.

Figura 5: Panelas amontoadas nas portas das lojas – assim eram as vitrines da rua Direita nos primeiros anos do século XX.

As vitrines criam uma forma de exposição que a sensibilidade moderna desconhecia antes de 1885. Esse estilo foi traçado pela primeira vez em importante publicação direcionada ao *merchandising*, *The Dry Goods Economists*, em artigo denominado "Show your goods", que incitava os comerciantes a aumentar a visibilidade de suas mercadorias, alertando-os para o fato de que o nível de venda seria correspondente à quantidade de mercadorias expostas: "Certamente, se você exibir somente poucas mercadorias, a venda das mesmas será proporcional à quantidade de mercadorias exibidas". Esse era o início de maior investimento em publicidade visual,[51] investimento este que fazia parte de uma estratégia das lojas para fascinar o consumi-

---

[51] *Ibid.*, p. 56.

dor e torná-lo passivo. Comprar torna-se, então, um ato desorientado; em outras palavras, o investimento na exposição das mercadorias traz à tona mais uma tática de venda. As diversas formas de propaganda visual (vitrines, cartazes, catálogos, propagandas na imprensa), trazem, em geral, um artigo principal e diversos outros periféricos, que, na maior parte das vezes, não chamariam tanta atenção se não estivessem associados ao elemento principal.[52]

Figura 6: A capa do catálogo geral do Mappin Stores de 1922 ressalta a evolução nas formas de exibição das mercadorias no comércio paulistano.

---

[52] Segundo Richard Sennett, a aquisição de novos sentidos, conjunto de associações ou mistérios por uma mercadoria que nada tivesse a ver com sua utilidade é o que Karl Marx denominou "fetichismo da mercadoria". Cf. Richard Sennett, *O declínio do homem público: as tiranias da intimidade*, cit., p. 184.

Lojas de departamentos

Uma última característica relevante na configuração das lojas de departamentos seria sua íntima ligação com o desenvolvimento da confecção. A produção de roupas prontas restringia-se, a princípio, a peças pouco influenciadas pelas variações da moda, como *manteaux*, robes de chambre e acessórios para as mulheres; para os homens, camisas e gravatas.[53] No entanto, a produção da confecção feminina vai aumentando aos poucos em quantidade e variedade, principalmente porque o preço das peças prontas, produzidas em grande escala, é muito menor se comparado ao de peças feitas sob medida. A evolução do *prêt-à-porter* é responsável de maneira direta pela variedade de seções relacionadas ao vestuário nas lojas de departamentos. Segundo Michel Miller, as roupas prontas começam a ganhar espaço nesse tipo de comércio já em 1880, criando uma relação de coexistência comercial próspera e duradoura. Em 1906, das 41 seções do Bon Marché, 46 eram dedicadas ao comércio de roupas.[54]

A moda é responsável pela maior parte da circulação de mercadorias nos grandes magazines, popularizando o conceito de semestralidade para a moda, implantado no início da segunda metade do século XIX pela alta costura;[55] "a idéia é fazer o público comprar uma roupa, usá-la, e rapidamente deixar a peça de lado, criando a necessidade de comprar novamente, mesmo que a primeira peça ainda esteja em bom estado".[56]

---

[53] Michel Miller, *Au Bon Marché (1869-1920): le consomateur apprivoisé*, cit., p. 49.

[54] *Ibidem*.

[55] O "calendário da moda" surge em 1858, quando Charles-Fréderic Worth, costureiro renomado, cria a primeira Maison e apresenta, também pela primeira vez, modelos inéditos, preparados com antecedência e apresentados aos clientes em salões. Após a apresentação, estes poderiam escolher os modelos que lhes agradassem, a fim de que a Maison executasse o modelo escolhido na medida de cada um. Cf. Gilles Lipovetsky. *O império do efêmero. A moda e seus destinos nas sociedades modernas* (São Paulo: Companhia das Letras, 1989), pp. 71-72.

[56] William Leach, *Land of Desire: Merchants, Power, and the Rise of a New American Culture*, cit., p. 92.

Abertura de um novo espaço para a moda e a sociabilidade feminina

No entanto, as novidades da moda não se restringem às mercadorias apresentadas a cada seis meses pelos estilistas parisienses, ainda que os anúncios das novidades de inverno ou verão continuem sendo o ponto forte; a facilidade de circulação de informações, principalmente após 1880, permitia a chegada de novas mercadorias com muita rapidez. Com a introdução de novas tecnologias de comunicação – telégrafo, telefone, rádio –, as informações circulam com maior velocidade, possibilitando a divulgação de novos modelos por meio do noticiário e da publicidade em jornais e revistas. Essa nova realidade abre caminho para a chegada de novidades às lojas durante todo o ano. Nesse contexto, "A propaganda de moda se torna cada vez mais importante para as lojas, impulsionada pela produção de peças *prêt-à-porter* que alteraram as feições do comércio de varejo".[57]

Desde 1870, já existiam lojas de departamentos instaladas em cidades brasileiras, que viviam um momento de prosperidade econômica e cultural, como, por exemplo, Rio de Janeiro e Belém do Pará. Teatros, salões e outros ambientes refinados prosperavam na cidade. É nesse contexto que é construído em Belém, em 1870, um elegante prédio em linhas *art nouveau* que viria abrigar o grande magazine Paris N'America, "local onde as damas se supriam de seus elegantes vestuários".[58]

No Rio de Janeiro, a partir de 1808, a transferência da corte impulsionou o crescimento do comércio de luxo, que se concentrou na rua do Ouvidor. Após 1820, algumas "pré-lojas" de departamentos poderiam ser encontradas por ali. Nelas, achavam-se produtos de joalheria, vestuário, cabeleireiros, barbeiros, acessórios, flores artifi-

---

[57] *Ibid.*, p. 93.
[58] Jota Dangelo, *Belém do Pará* (Belém/São Paulo: Alunorte/Hamburg, 1995).

Lojas de departamentos

ciais, bebidas, comidas, entre outros. A primeira loja de departamentos carioca, a Notre-Dame de Paris, surge apenas por volta de 1870,[59] bem como outras lojas como a Sloper e a Parc Royal.[60]

---

[59] Jeffrey Needell, *Belle époque tropical: sociedade e cultura no Rio de Janeiro na virada do século*, cit., p. 191.

[60] Cf. *100 anos de propaganda* (São Paulo: Abril Cultural, 1980), p. 32.

Um passeio pelo Triângulo

Em São Paulo, bem antes de o Mappin Stores ser inaugurado, outra importante casa do comércio varejista, a Casa Allemã,[61] já estava presente na cidade, "de início [...] pequena, mas sempre oferecendo boas mercadorias".[62] Fechada durante a Primeira Guerra Mundial, teve seu crescimento truncado: "Ao final do conflito, tudo voltou ao normal. As instalações foram refeitas em prédio de vários andares, elevadores e saída para a rua da Quitanda. Depois de ampliada, encontrava-se de tudo [...] era um pequeno *magasin*", conclui a memorialista Laura O. R. Octávio.[63] A loja se tornaria, na década de 1930, a principal concorrente do Mappin Stores. Entretanto, durante o período abordado neste livro, aquele estabelecimento viveria seu momento mais difícil; porém, ainda assim, não é possível desprezar o potencial da loja ao traçar um panorama do comércio paulistano. Além da qualidade das mercadorias, a loja era a única na cidade de São Paulo a funcionar nos mesmos moldes do Mappin Stores.

A Casa Allemã tem suas raízes na cidade de São Paulo ainda no final do século XIX, quando seu fundador, o alemão Daniel Heydenreich, reservou uma salinha dentro da própria casa para a venda de linho, rendas e outros artigos de destacada qualidade, im-

---

[61] A Casa Allemã é aberta na cidade de São Paulo em 1883. Cf. Daniel Heydenreich, *Casa Allemã: 1883-1933* (São Paulo: Officinas da Sociedade Impressora Paulista, 1933).

[62] Laura O. R. Octávio, *Elos de uma corrente: seguidas de outros elos*, cit., p. 237.

[63] *Ibid.*, p. 238. A Casa Allemã viria a retomar força em meados da década de 1920, configurando-se na maior concorrente do Mappin Stores até a década de 1950. Cf. Zuleika Alvim & Solange Peirão, *Mappin 70 anos* (São Paulo: Ex Libris, 1985), p. 34.

Abertura de um novo espaço para a moda e a sociabilidade feminina

portados de sua terra natal. A clientela cresceu tão rápido que Daniel Heydenreich não conseguiu dar conta do serviço sozinho e solicitou a ajuda do irmão, Adolf, que desembarcou no Brasil ainda em 1883. Paralelamente, Daniel Heydenreich também aumentou o número de mercadorias oferecidas e, em razão disso, tornou-se impossível para a empresa continuar funcionando na pequena sala de sua residência. Assim, em 1885, a Casa Allemã passou a funcionar em um espaço alugado pelos irmãos Heydenreich, exclusivamente para suas atividades comerciais.

De acordo com o catálogo comemorativo publicado por ocasião do cinqüentenário da loja em 1933, no final do século XIX as casas de comércio ainda eram "bastante primitivas e simples", destoando até mesmo do movimento comercial da cidade, que já era "bastante intenso". A Casa Allemã não fugia à regra, compondo-se, como visto, de um único cômodo. "Não se conheciam então as vitrines em São Paulo", conta Heydenreich.

> As exposições de artigos eram feitas às portas [...] as mercadorias achavam-se estendidas em parte sobre os bancos – em cada entrada um –, e, além disso, às portas pendurava-se uma colcha ou pano para a mesa, sobre a qual se fixavam com alfinetes aventais, roupas para crianças, artigos de tricô, guarda-chuvas e trabalhos manuais [...].[64]

Em 1893, a casa muda de novo de endereço, instalando-se pela primeira vez no Triângulo, à rua Direita, em um prédio ainda sem vitrines – que só foram colocadas em 1896 –, no qual quatro portas largas "davam bastante espaço para a exposição das mercadorias".[65]

---

[64] Daniel Heydenreich, *Casa Allemã: 1883-1933*, cit., p. 3.

[65] *Ibid.*, p. 4.

Um passeio pelo Triângulo

Em 1910, a casa começa a se estruturar como loja de departamentos, ocupando um prédio luxuoso, ainda na rua Direita, com elevador e vitrines. O resultado inicial da mudança não foi positivo. A suntuosidade do estabelecimento assustou antigos clientes, os quais tinham medo de entrar no prédio. Boa parte da clientela era constituída por pessoas modestas ou vindas do interior e refratárias a tais avanços. Com o intuito de assegurar a esse público que o que mudara fora unicamente o prédio, criou-se o lema "Do bom só o melhor a preços fixos e provavelmente baixos".[66]

O novo prédio foi o primeiro estruturado de forma específica para abrigar a casa. A construção era toda feita de "cimento armado e em grande escala. A luz e o ar invadem todos os seus departamentos".[67] Nesse local, a Casa Allemã permaneceu até 1925, passando por aquilo que Heydenreich chama, sem exagero, de sua "pior época". Ali, a casa amargou a falta de clientes durante a guerra, mesmo antes do fechamento compulsório ao qual foram estimulados em razão de sua origem. Com o fim da Primeira Guerra Mundial, a loja voltou a funcionar, mas só retomou fôlego na segunda metade dos anos 1920, período em que, ampliando os negócios, passou a oferecer, além de mercadorias, serviços aos clientes. Em 1926, dez anos após o Mappin Stores, a casa inaugura seu salão de chá. O Mappin Stores abre suas portas em 29 de novembro de 1913, contando com onze seções, oito das quais dedicadas às mulheres, e pode ser caracterizada de imediato como um grande magazine, instalado à rua 15 de Novembro, uma das que formavam o Triângulo, o "coração co-

---

[66] *Ibid.*, p. 5.

[67] Segundo Marrey, o cimento armado dava forma a algumas casas de comércio parisienses, desde 1900, entre elas Aux Classes Labourieuses e Felix Ponty, mas a primeira loja de departamentos a utilizar essa estrutura arquitetônica, a Galeria Laffayette, só foi inaugurada em 1930. Cf. Bernard Marrey, *Les grands magasins: des origines à 1939* (Paris: Librarie Picard, 1979), pp. 155-157.

Abertura de um novo espaço para a moda e a sociabilidade feminina

mercial da cidade", como acentua Laura Octávio em suas memórias. Segundo ela, essa era a denominação que recebia a interseção das ruas Direita e São Bento, seguindo a rua 15 de Novembro. A importância da localização deve ser ressaltada. O Triângulo não era uma área exclusivamente comercial, mas sim um local privilegiado na cidade.[68] Ali se concentravam as principais casas comerciais, bem como restaurantes, confeitarias, *bombonnières*, floriculturas e bancos – tudo o que havia de importante em São Paulo, no dizer de Jorge Americano.[69] Essa área central era chamada de "cidade". "Qualquer pessoa que precisasse ir às compras, ao médico, ao banco, ao escritório, sempre afirmava que iria à cidade, onde tudo se encontrava", assinala Carlos Lemos.[70] Tais atrativos transformavam suas ruas em principal local de passeio e diversão da elite paulistana dentro da cidade.[71] Além disso, concentrava todo o mundo elegante da cidade de São Paulo

---

[68] A cidade de São Paulo sofre diversas reformas urbanas durante a administração do prefeito Antônio Prado (1890-1910), as quais propiciam a ampliação e um acelerado desenvolvimento do comércio elegante. Entre as transformações, é possível ressaltar o "desafogamento do Triângulo", com a ampliação do largo do Rosário (que passou a se chamar praça Antônio Prado), que se tornou o local de confluência e redistribuição de veículos e pedestres do centro. No mesmo período, diversas ruas e avenidas foram abertas, ligando os diferentes pontos da cidade. O transporte urbano também se desenvolveu: os bondes passaram a servir a cidade a partir de 1903, fazendo a ligação entre os bairros ricos e o centro da cidade. Cf. Nicolau Sevcenko, *Orfeu extático na metrópole: São Paulo, sociedade e cultura nos frementes anos 20*, cit., pp. 120-124; e Mônica R. Schpun, *Paulistanos e paulistanas: rapports de genre à São Paulo dans les années vingt*, tese de doutorado (Paris: Universidade de Paris VII/Unidade de Formação e Pesquisa em Geografia, História e Ciências Sociais, 1994), p. 8.

[69] Jorge Americano, *São Paulo nesse tempo (1895-1915)* (São Paulo: Melhoramentos, 1962), pp. 18-19.

[70] Carlos Lemos, "São Paulo: a cidade dos fazendeiros", em Emanoel Araújo (curador), *O café*, catálogo de exposição (São Paulo: Banco Real ABN Amro-Bank, 2000), p. 104.

[71] Dona Alice, auxiliar de costura, recorda: "Quando eu trabalhava, nem para o centro da cidade eu ia. A minha vida era da Marquês de Itu para o Bom Retiro; para mim não tinha a cidade". Cf. Ecléa Bosi, *Memória e sociedade: lembranças de velhos*, cit., p. 60.

até 1940, quando o Mappin Stores foi transferido para a praça Ramos de Azevedo, segundo testemunha Antônio Porto, reafirmando a grande importância da loja de departamentos na cena comercial paulistana.[72]

Figura 7: Rua 15 de Novembro. À direita, automóveis estacionados em frente ao prédio do Mappin.

---

[72] Antônio Rodrigues Porto, *História da cidade de São Paulo (através de suas ruas)* (São Paulo: Carthago Editorial, 1996), p. 64.

Abertura de um novo espaço para a moda e a sociabilidade feminina

Nessa época, de acordo com os memorialistas, era possível encontrar de tudo no Triângulo. Na rua Direita ficavam as casas de moda, como a Casa Allemã e O Mundo Elegante, a Casa Kósmos (só para homens), a Casa Espíndola (especialista em materiais para escritório) e a Drogaria Baruel.[73] E por ali "as mulheres circulavam de chapéu e luva [...] como num passeio".[74]

Na rua 15 de Novembro situavam-se a Livraria Garraux, os Calçados Rocha, os Salgados Zenha e quatro lojas de jóias: Casa Mitchel, Paulo Lévy, Netter e Bento Loeb. Ali também se localizavam o Mappin & Webb – ao lado do qual se instalaria o Mappin Stores – e o Depósito Normal (loja de comestíveis em que tudo era "de primeira").

No largo do Rosário havia a Livraria Civilização e, quase ao lado, a redação do jornal *O Estado de S. Paulo*. Ainda no largo, era possível encontrar "*éclairs* de dar água na boca", na Confeitaria Castelões, e nos locais de reunião da "rapaziada" encontravam-se o Progredior e o Fasoli (este freqüentado pela alta sociedade, como recorda o senhor Ariosto).[75]

Especializada em malas, louças e brinquedos, a Casa Fuchs ficava na rua São Bento, onde também se podiam encontrar o Hotel do Oeste (freqüentado por gente do interior e por caixeiros-viajantes), a Loja Japão (que vendia chás, velas e fogos) e a Rotisseria Sportsmen (hotel e restaurante em que se hospedava "gente ilustre"). Quase em frente, Madame Justi vendia seus chapéus, recebendo sempre modelos parisienses. Mais adiante, achavam-se a Casa Paiva (especializada

---

[73] Laura O. R. Octávio, *Elos de uma corrente: seguidos de outros elos*, cit., p. 237. Antônio Porto acrescenta que os "quatro cantos" dariam lugar mais tarde à praça do Patriarca. Cf. Antônio Rodrigues Porto, *História da cidade de São Paulo (através de suas ruas)*, cit., p. 130.

[74] Dona Alice, em Ecléa Bosi, *Memória e sociedade: lembranças de velhos*, cit., p. 61.

[75] Senhor Ariosto, em Ecléa Bosi, *Memória e sociedade: lembranças de velhos*, cit., p. 114.

Um passeio pelo Triângulo

em fazendas), a Casa Hamburguesa (no gênero da Casa Allemã), a Casa Geni (de armarinhos) e, quase ao lado desta, a Casa Fretin (de material cirúrgico e ótico).

Ainda na mesma rua funcionavam a Botica Veado D'Ouro, as casas Beethoven e Levy (ambas de música), Prado e Chaves (escritório para "assuntos solenes") e Madame Aron (chapeleira).

O *Palais de la Femme*

Inovação comercial de primeira importância na modernidade ocidental, os grandes magazines surgem primeiro em Londres e Paris, e depois em todas as grandes capitais. Nestes templos de consumo, vemos passear uma multidão relativamente mista, depois cada vez mais feminina.

Michelle Perrot,
Mulheres públicas.

As origens do Mappin Stores remontam à segunda metade do século XVIII, mais precisamente 1774, quando se instalou em Londres a Mappin & Webb, loja especializada em prataria, cristais, porcelanas e outros artigos finos para presente. Em 1911, é aberta no Rio de Janeiro a primeira filial da tradicional casa inglesa; no ano seguinte, uma loja é instalada na Rua 15 de Novembro, em São Paulo.[76] O Mappin Stores, inaugurado em 1913, é resultado da associação dos irmãos Mappin – Walter John Mappin e Hebert Joseph Mappin, principais acionários do Mappin Stores & Webb – com Henry Portlock (acionário da loja) e John Kitching (gerente de outra loja inglesa, a Debenhams). É deste último a idéia de instalar em São Paulo – cidade que conheceu em viagem de férias – uma loja de departamentos.[77]

---

[76] Segundo Zuleika Alvim e Solange Peirão, inicialmente o Mappin Stores ocupa o mesmo prédio do Mappin & Webb e apenas em 1919 a loja de departamentos ganha instalação exclusiva.

[77] Os irmãos Mappin retiram-se da sociedade na década de 1930 e a loja Mappin & Webb deixa o Brasil na mesma ocasião. O nome Mappin, no entanto, permanece, pois já era

Figura 8: *O Estado de S. Paulo*, 20-10-1913.

É como "casa de modas" que o Mappin Stores se apresenta em 1913, e as peças de vestuário serão a principal mercadoria da loja em

---

"patrimônio social adquirido". A princípio, adotou-se um novo nome: Casa Anglo-Brasileira S. A. Todavia, as propagandas da loja traziam sempre a observação "Sucessora do Mappin Stores". "Aos poucos a observação vai ficando maior do que o novo nome da loja, e o Mappin continuou Mappin mesmo", concluem Zuleika Alvim e Solange Peirão. Cf. Zuleika Alvim & Solange Peirão, *Mappin 70 anos*, cit., pp. 21-25, 94-97.

todo o período abordado por este livro. Os proprietários não apostavam em uma novidade, mas sim no transplante bem-sucedido de um modelo que ultrapassara o estágio da novidade e alcançara o do sucesso nos mercados mais desenvolvidos.

A "mulher citadina moderna", a paulistana, pertencente às elites, foi o público-alvo da loja de departamentos. Ela era a "cliente preferencial da casa", como afirmam Solange Peirão e Zuleika Alvim:

> A preferência do Mappin pela consumidora do sexo feminino ficava patente [...], na configuração com que se apresentava a loja por ocasião de sua inauguração. Dos onze departamentos em que se dividia inicialmente o estabelecimento, oito eram dedicados à mulher, direta ou indiretamente.[78]

O primeiro anúncio do Mappin Stores – publicado na primeira página de *O Estado de S. Paulo*, no dia de sua inauguração, em 29 de novembro de 1913 – deixa claro sua íntima ligação com a moda e com a mulher. Traz

> [...] uma figura em *art nouveau*, com longa túnica solta e a cintura ligeiramente marcada. As formas soltas do modelo no anúncio, insinuando o contorno do corpo, marcavam a opção da loja pela modernidade: era a nova mulher que surgia na Europa, enfim libertada do jugo dos espartilhos, que o Mappin privilegiava [...].[79]

---

[78] Zuleika Alvim & Solange Peirão, *Mappin 70 anos*, cit., p. 40.

[79] Segundo as autoras, o *Palais de la Femme* era um "conceito importado da Europa, como o próprio conceito de loja de departamentos". Cf. Zuleika Alvim & Solange Peirão, *Mappin 70 anos*, cit., p. 40. Bernard Marrey utiliza a expressão *Palais de la Femme* como sinônimo para lojas de departamentos. Cf. Bernard Marrey, *Les grand magasins: des origines à 1939*, cit., p. 8.

Essa mulher aparece abrindo as cortinas da cidade, atrás da qual estão a loja e suas vitrines decoradas com manequins que exibiam diversos modelos. Em segundo plano, no mesmo anúncio, é possível notar que, do lado de fora da loja, também se destacam as mulheres. Elas compõem a maioria do pequeno aglomerado diante das vitrines.

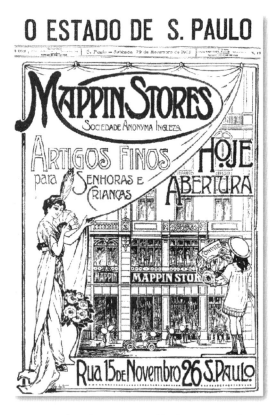

Figura 9: Anúncio de inauguração publicado na primeira página do jornal *O Estado de S. Paulo*, em 29-11-1913.

Desde o primeiro anúncio, a loja se coloca como um ambiente preferencialmente feminino, ao qual as mulheres poderiam ir sozinhas ou

O Palais de la Femme

acompanhadas. Na figura, apenas uma delas aparece em companhia masculina. As demais estão com outras mulheres, meninas ou crianças. Há ainda a imagem do "automóvel",[80] conduzido por um chofer que leva duas mulheres ao passeio, associando a loja à modernidade e à elite.

A loja inicia seu funcionamento como uma casa para "senhoras e crianças", porque,

> [...] como não era possível na inauguração oferecer tudo o que desejavam os diretores do novo empreendimento, optou-se por reforçar primeiro as seções das mulheres, dentro do preceito de que a loja de departamentos deveria ser sobretudo o *Palais de la Femme.*[81]

Em meados de 1914, novas seções são abertas no Mappin Stores, impulsionando um movimento de ampliação contínua que não teria fim até o final da década de 1920.

Em julho desse ano, é inaugurada a seção de "Artigos para homens e meninos". Mas a loja não perde o caráter de *Palais de la Femme*: em todo o período abordado por este livro, a casa sempre privilegiará a consumidora, por meio de suas seções ou de seus anúncios.

Nos três primeiros anos de funcionamento, o Mappin Stores vai ganhando novos departamentos e serviços. Esse impulso seria con-

---

[80] O automóvel pode ser apontado como presença freqüente nos anúncios mais relevantes do Mappin, como, por exemplo, as capas dos catálogos e os anúncios comemorativos. Essa imagem é importante porque simboliza a modernidade e a elitização da loja. A modernidade no sentido da técnica, associada à velocidade e ao cosmopolitismo do automóvel. O carro, associado às elites, expressava o direcionamento da loja para essa clientela, pois, segundo Heloísa Alves de Lima, na São Paulo do início do século XX, os automóveis pertenciam aos mais afortunados. Cf. Marcia Padilha Lotito, *A cidade como espetáculo. Publicidade e vida urbana na São Paulo dos anos 20*, dissertação de mestrado (São Paulo: FFLCH – USP, 1997), p. 113; e Heloísa Alves de Lima, *Uma menina paulista* (São Paulo: Totalidade, 1992), p. 66.

[81] Zuleika Alvim & Solange Peirão, *Mappin 70 anos*, cit., p. 41.

Abertura de um novo espaço para a moda e a sociabilidade feminina

tido nos anos seguintes, provavelmente em decorrência das dificuldades de abastecimento durante os momentos finais da Primeira Guerra Mundial. O fôlego só seria retomado com a abertura do novo prédio, em 1919, com o conflito encerrado.

Em 1915, é inaugurado o famoso salão de chá/restaurante, que, a princípio, servia "almoço ao estilo inglês", das 11h às 13h, e "chá e outras comidas leves, como *toast*, refresco e sorvetes, *scone* e outras especialidades inglesas", das 15h às 18h, de segunda à sexta. Aos sábados, oferecia um chá musical, das 13h30 às 17h30. O salão ou o *Tea Room* (denominação que recebe em alguns anúncios) possuía um balcão com artigos de confeitaria, no qual os paulistanos poderiam encontrar "chocolates e doces de fabricação francesa". No mesmo local, era possível degustar o famoso chá Mogul e ainda bebidas de teor alcoólico, como o Richot Brandy (licor de conhaque) e o Roy Whisky. Tudo isso, informavam os anúncios, em um "ambiente reservado exclusivamente às famílias paulistanas".[82] Em pouco tempo, o chá musical, ou *Five o'clock Tea*, se estende aos outros dias da semana, sempre das 15h30 às 17h30. Os anúncios informam ainda que as tardes no *Tea Room* eram animadas pelo som de uma "orquestra".[83]

Ainda em 1915, entram em funcionamento quatro novas seções: tapeçaria[84] e tecidos para decoração, roupas de cama, móveis[85] e arti-

---

[82] *O Estado de S. Paulo*, São Paulo, 11-12-1915.

[83] As denominações em inglês são muito comuns nos anúncios do Mappin Stores. O salão de chá é denominado com muita freqüência como *Tea Room*, e o chá da tarde, como *Five O'Clock Tea*, em uma tentativa de associar a loja às tradições inglesas, tanto no tocante à língua quanto no que se refere aos hábitos dos paulistanos, mas também denunciando suas origens.

[84] Essa seção foi gerenciada por onze anos pelo italiano Sílvio Carlini, que chegou ao Mappin Stores em 1914, tendo trabalhado antes em uma loja de departamentos argentina. Em 1925, foi nomeado diretor comercial junto ao escocês William Rae Dawson, assumindo ainda a gerência administrativa.

[85] A partir de 1920, o Mappin Stores começa a fabricar móveis. A princípio, a oficina era pequena – tinha apenas dois funcionários. No entanto, cresceu rápido e em pouco tempo

O Palais de la Femme

gos para bordados. No mesmo ano, surge a "venda de fim de estação", mais tarde denominada "liquidação semestral". Note-se a importância da moda como criadora de um calendário para a loja. É em função das alterações semestrais da moda que as liquidações são marcadas, coincidindo com as mudanças que marcam o calendário estrangeiro da moda, a saber, "primavera/verão" e "outono/inverno".[86]

Com a moda, em um país católico, o calendário religioso passa a reger as datas, as promoções, os temas e as festividades do Mappin Stores. Em 1915, duas datas religiosas, a Páscoa e o Natal, recebem atenção especial da sua publicidade. Os anúncios tematizam a decoração e as promoções da loja. Em ambas as ocasiões, há um chá especial para as crianças, animado pelo conhecido João Minhoca.[87] No chá de Natal, as crianças podem retirar brindes debaixo das árvores montadas no salão de chá, especialmente ambientado para a ocasião. Os artigos para presentes recebem atenção especial nos anúncios que divulgam ainda a venda de cartões de Natal *X-mas cards* aos clientes ingleses e americanos.[88] Durante o Natal, a loja se transformava. As senhoras podiam fazer compras, enquanto as crianças se divertiam com as brin-

---

trocou as instalações da rua Campos Salles, no Brás, por uma fábrica com sede na rua da Várzea, na Barra Funda, na qual trabalhavam trinta funcionários, que executavam os móveis projetados por um especialista na área, o inglês Ronald Upstone, projetista exclusivo do Mappin. Ativa até 1942, a oficina teve clientes ilustres, entre os quais é possível destacar Antonio Prado, que lá encomendou, em 1922, todo o mobiliário para a famosa mansão da chácara Carvalho. Cf. Zuleika Alvim & Solange Peirão, *Mappin 70 anos*, cit., p. 82.

[86] Cf. Gilles Lipovetsky, *O império do efêmero. A moda e seus destinos nas sociedades modernas*, cit., pp. 71-72. Observe-se que apesar da inversão das estações em relação à Europa, o Mappin buscava seguir a moda ditada por Paris, mesmo que essas se restringissem aos detalhes como comprimento ou rodado das saias.

[87] "João Minhoca" era provavelmente uma atração popular nas festas infantis da cidade de São Paulo, no período coberto por este livro. Além de figurar como atração do Mappin, era também figura freqüente nas festas infantis, como relata Jorge Americano. Cf. Jorge Americano, *São Paulo naquele tempo (1895-1915)* (São Paulo: Saraiva, 1957), p. 119.

[88] *O Estado de S. Paulo*, São Paulo, 11-12-1915.

Abertura de um novo espaço para a moda e a sociabilidade feminina

cadeiras em "trens e aeroplanos em movimento",[89] na famosa Gruta Polar, na qual poderiam receber bombons e brinquedos entregues, segundo os anúncios, pelo próprio são Nicolau![90]

Passadas as festas, a loja anuncia que ainda "há tempo de comprar os últimos presentes". É dia de Reis, a loja fecha ao meio-dia, mas pela manhã é possível encontrar todo tipo de presentes, avisa o anúncio de 6 de janeiro de 1926. Aproveitando as altas temperaturas do mês, a loja investe em anúncios de geladeiras e sorveteiras. Dias quentes, "chuvas traiçoeiras" no fim de tarde; para se proteger das intempéries da natureza, nada como as capas Lancaster, que oferecem "um soberano resguardo para o clima brasileiro".[91] No mês seguinte, a casa anuncia a abertura do salão de beleza no 3º andar. Em março, os cavalheiros é que recebem a atenção da loja: gravatas de luxo, meias e lenços de seda, calçados, camisas, pijamas, roupas brancas, enfim, grande variedade de artigos masculinos é anunciada. Em abril, os dias ensolarados vão desaparecendo, e o friozinho chega ao cair da tarde: diante das mudanças de temperatura, o Mappin Stores anuncia de forma maciça *manteaux* de lã, peles, estolas, echarpes, jaquetas e mais uma infinidade de peças que compõem o guarda-roupa feminino de inverno.

Em junho, as "modas de inverno" continuam na pauta publicitária, mas com elas são anunciados também alguns móveis de fabricação da loja, que remetem ao aconchego do lar nos dias de temperaturas mais baixas. O frio de julho é acompanhado de garoa fina; para resolver esse problema, o sobretudo Lancaster – a marca mais anunciada pela loja ao longo dos anos que este livro abrange. Em agosto, os acessórios finos, como bolsas confeccionadas em pele e penas de

---

[89] *O Estado de S. Paulo*, São Paulo, 8-12-1920.
[90] *O Estado de S. Paulo*, São Paulo, 23-12-1920.
[91] *O Estado de S. Paulo*, São Paulo, 21-1-1926.

avestruz – peças indispensáveis para compor a elegância feminina nas noites da temporada lírica – dividem o espaço publicitário com a liquidação semestral. No mês seguinte, a grande novidade são as "mais belas meias do mundo", as "afamadas meias de seda francesa Malha 44", cuja chegada é anunciada com grande destaque e mistério por uma semana. Após revelada a identidade do produto, as meias 44 ainda permanecem na publicidade, impulsionando a venda de calçados femininos: "Meias 'Malha 44' e um par destes nossos novos modelos de sapatos, é o complemento de uma *toilette* distinta".[92]

A loja completa 13 anos em novembro. É momento de comemorar, e o Mappin Stores reúne nos salões da sobreloja mais de duzentos vestidos para todas as ocasiões, apresentando variados modelos em crepe da China, georgette e outros tecidos da moda a "preços reduzidíssimos". A proeminente chegada do verão é ocasião propícia para anunciar tecidos e roupas para essa estação.

Ao longo dos anos, outras datas começam a se destacar. A partir de 1915, o mês de fevereiro é marcado pela apresentação de ofertas especiais de fantasias. Em 1920, os anúncios oferecem cadeiras desmontáveis para que os clientes possam assistir confortavelmente acomodados aos festejos de carnaval. Até mesmo o menos festivo Finados recebe atenção, pois se cria uma semana especial, repleta de ofertas de roupas pretas. Como bem apontou William Leach, nas lojas de departamentos, "todo dia pode ser um dia especial".[93]

Em 1916, os artigos de esporte, antes vendidos em seções diversas da loja, ganham seção específica, com a atenção centrada nos homens.

---

[92] *O Estado de S. Paulo*, São Paulo, 23-9-1926.

[93] William Leach, "Transformations in a Culture of Consumption: Women and Department Stores, 1890-1925", *The Jornal of American History* 71 (2), Bloomington, setembro de 1994, p. 322.

As roupas de tênis e montaria são as mais divulgadas, e os anúncios as apresentam como parte de "uma nova seção para o *sportsman*".

Figura 10: Para acompanhar as meias "Malha 44", dois elegantes modelos de calçados.

No final de 1917, mais precisamente em novembro, um anúncio informa que a loja conta com mais de trinta seções, permanecendo assim por algum tempo, uma vez que nos anos seguintes nenhuma nova seção fora anunciada, talvez porque não houvesse mais espaço físico na loja para abrigá-las. Zuleika Alvim e Solange Peirão relatam que, em 1916, por ocasião do terceiro aniversário, o Mappin Stores triplicara o número de seções e funcionários, e as instalações começavam a se mostrar pe-

Figura 11: Artigos para Finados.
"Todo dia pode ser um dia especial."

quenas para a "grandiosidade" da loja.[94] Ainda em 1917, as "vendas de fim de estação" passam a ser denominadas liquidação. As liquidações realizadas a cada seis meses marcariam a história da loja. Essas promoções eram dedicadas a atender a clientela das classes mais baixas e eram feitas sempre em março e agosto, sendo anunciadas de forma maciça. Eventualmente, a loja promovia uma "semana de saldos" em alguma seção, e os retalhos eram os produtos mais anunciados nessas ocasiões.

Conforme a Primeira Guerra Mundial se prolonga, diversos anúncios informam os consumidores acerca das dificuldades da importação de

---

[94] Zuleika Alvim & Solange Peirão, *Mappin 70 anos*, cit., p. 56.

Abertura de um novo espaço para a moda e a sociabilidade feminina

mercadorias, ou, de maneira inversa, celebram a chegada de um vapor aos portos brasileiros, carregado de novidades, alertando a clientela sobre a oportunidade de conhecê-las e adquiri-las. Por esses tempos, alguns anúncios da loja traziam as bandeiras da Inglaterra e do Brasil, reafirmando a aliança entre os países. Em 1916, um anúncio-comunicado explica aos clientes que, apesar dos altos custos de produção ocasionados pela guerra, a importação de mercadorias pela loja estava assegurada, em ra-

Figura 12: *O Estado de S. Paulo*, 13-2-1926.

zão das boas relações dos diretores desta com os comerciantes franceses e ingleses; ressalta ainda que o Mappin Stores não tiraria proveito dessas boas relações comerciais, pois, ao contrário, a loja pretendia dividir com a clientela as vantagens de sua posição favorável nos mercados estrangeiros, mantendo os preços o mais baixo possível.

O Palais de la Femme

A guerra se faz presente até mesmo na publicidade da exposição natalina de brinquedos de 1918, na qual a maior parte dos brinquedos em questão faz referência ao final do conflito. A ilustração apresenta uma grande marcha de bonecos comandados por um soldadinho que carrega a bandeira dos Estados Unidos, lembrando um exército vitorioso "batendo em retirada". No chão, guerreiros de todos os tempos com uniformes de diferentes exércitos se misturam a bolas e bonecas que marcham ao lado de imponentes tanques de guerra e cavalinhos de batalha. Um avião com a bandeira da Inglaterra sobrevoa a cena, e, ao fundo, é possível ver a bandeira do Brasil com outras bandeiras de países aliados.

A moda sofreu importantes transformações em decorrência do conflito. A crise na produção e no comércio, além da já mencionada influência das mulheres européias, que tiveram de assumir diversas tarefas masculinas enquanto maridos, pais e filhos estavam no combate, incentivou a abolição dos excessos de luxo e tecido e impulsionou a popularização de trajes de corte e tecidos mais simples. As roupas ficaram mais leves e práticas e ganharam cortes inspirados nos uniformes militares. É nesse momento que os vestidos de babados são substituídos por *tailleurs*, e os chapéus ganham formas de quepe, como se pode verificar nas propagandas do Mappin Stores.

A loja lamenta a guerra, pede cigarro aos soldados ingleses, mas não se descuida de lembrar que procura manter preços acessíveis, apesar da dificuldade de adquirir e transportar mercadorias. A dificuldade de importação não representa, entretanto, impedimento para a inauguração da primeira filial em Santos, em novembro de 1918.[95]

---

[95] Ainda nos primeiros dez anos, o Mappin Stores inaugurou uma filial no Rio de Janeiro, que funcionou até 1950. A loja de Santos durou pouco, fechando em 1927. Cf. Zuleika Alvim & Solange Peirão, *Mappin 70 anos*, cit., p. 42.

Abertura de um novo espaço para a moda e a sociabilidade feminina

Com o fim da Primeira Guerra Mundial, o Mappin finalmente encontra um local para ampliar suas instalações dentro do próprio Triângulo, pois sair do coração comercial da cidade era impensável naqueles tempos. Em 1919, transfere a sede para um prédio maior, mais sofisticado e principalmente mais bem situado. Na São Paulo de então, um prédio comercial na rua 15 de novembro estava muito bem localizado. Mas instalar-se em uma das pontas do Triângulo era conquistar a mais estratégica das posições em relação ao fluxo de clientes – e foi isso o que o Mappin Stores concretizou. A nova loja instala-se onde antes se encontravam a Casa do Enxoval,[96] no térreo, e a Rotisseria do Sportsmen, ocupando os dois andares superiores. O prédio possuía entradas e vitrines nas ruas da Quitanda nº 23, São Bento nº 16 e Direita nº 30, diante das quais seria inaugurada, em 1926, a praça do Patriarca.[97] O novo prédio beneficiava-se da presença em três das ruas mais importantes do comércio paulistano.

As novas instalações foram erguidas sobre o local em que, originalmente, ficava o prédio conhecido como "a casa do barão de Iguape". Comerciante e arrematador de impostos, Antonio da Silva Prado, o barão, falecera em 1875, mas o local conservava ainda uma aura de aristocracia, apesar de, de forma objetiva, não mais guardar relação alguma com o antigo proprietário ou com a antiga propriedade. Quando da morte do barão, este "legara a casa à condessa Pereira Pinto. E esta, mesmo residindo em Paris, como era comum entre os

---

[96] Na ocasião da mudança, o Mappin Stores comprou todo o estoque da Casa do Enxoval, para liquidá-lo em seguida.

[97] A praça estava prevista desde 1906. Em 1911, a quadra em frente à igreja de santo Antônio foi declarada, por lei municipal, de utilidade pública. Todavia, somente entre 1924 e 1926, como parte de uma reforma urbana, o local foi transformado em praça. Cf. Série Cadernos Cidade de São Paulo, *Praça do Patriarca/ Viaduto do Chá – Praça Ramos/ Viaduto do Chá* (2ª ed. São Paulo: Instituto Cultural Itaú, 1994), pp. 11, 13.

Figura 13: *Jornal do Comércio*, 18-12-1918.

membros mais notáveis da nobreza do café, logo se decidira a dar melhor aproveitamento ao imóvel".[98] Mandou demolir a casa e, em seu lugar, encomendou a Ramos de Azevedo um projeto que pudesse abrigar o então florescente comércio do Triângulo. Foi o primeiro imóvel paulistano a receber estrutura metálica, uma ousadia na época. O edifício "amplo, sólido e de linhas nobres" possuía três andares.[99] Para a instalação do Mappin Stores em 1919, foi encomendada, novamente a Ramos de Azevedo, uma nova reforma. Nesse prédio a loja funcionaria até 1939.

Figura 14: O anúncio agradece o acolhimento dos paulistanos e frisa o novo endereço.

---

[98] Zuleika Alvim & Solange Peirão, *Mappin 70 anos*, cit., p. 58.
[99] *Ibid.*, p. 60.

O Palais de la Femme

O interior do novo prédio também chamava a atenção, distinguindo-se pelo esmero na decoração: enormes passadeiras de lã recobriam o piso, armários e estantes em que se expunham os produtos eram construídos em madeira importada da Inglaterra, recobertos por finas folhas de cristal *biseautée*, este último presente inclusive nos espelhos dos provadores de roupas e chapéus, bem

Figura 15: Anúncio do novo prédio do Mappin Stores. Divulgação maciça em diversos jornais e revistas da cidade.

Abertura de um novo espaço para a moda e a sociabilidade feminina

como nas dezoito vitrines do andar térreo. A loja contava ainda com dois elevadores que davam acesso aos mezaninos, por onde se distribuíam os diversos departamentos. Os mezaninos eram protegidos por grades de cobre torneado. As colunas e vigas do edifício eram todas decoradas por altos-relevos florais em gesso, e a iluminação do interior da loja se fazia por meio de uma enorme cúpula de vitrais e se completava por lustres *art nouveau*, também de cristal, pendurados em grossas correntes douradas.[100]

Figura 16: Praça do Patriarca, 1928. Ao fundo, o Mappin Stores e o anúncio da liquidação semestral afixado na fachada do prédio.

---

[100] *Ibid.*, pp. 61-62.

O Palais de la Femme

A atenção especial dispensada pela diretoria do Mappin Stores às novas instalações, pode ser sentida ainda na grande publicidade em torno do evento.[101] O anúncio da inauguração, que dava destaque à imagem do prédio e à esplêndida fachada, foi veiculado em diversas revistas e jornais.[102] Nas novas dependências, as seções mais significativas, ao que indicam os anúncios, são inauguradas com intervalos maiores.[103] A "alfaiataria" começa a funcionar em 1919; a "seção de música" em 1921; e em 1922 é inaugurada a "seção de utensílios domésticos". No ano seguinte, ampliam-se as opções em serviços. Na seção de calçados é possível encontrar um "bractepédico especialista, que dará consultas sobre os métodos originais do dr. Scholl".[104] Anúncios de uma agência de viagens localizada na entrada da rua Direita (em que são vendidas passagens de navio para a Europa e cidades do litoral brasileiro) começam a aparecer com certa freqüência.

Os anúncios de perfumes e produtos de beleza que vinham sendo divulgados com alguma periodicidade desde 1922 ganham mais destaque em 1924, quando a loja publica um anúncio informando a inauguração de um balcão de perfumaria. No mesmo ano, outro anúncio fala em 42 seções. Em dez anos, o Mappin Stores quase quadruplicara suas seções! Ainda em 1924, mais uma seção, a de rádio, seria aberta em outubro.

---

[101] Na ocasião, a diretoria do Mappin Stores era composta pelo escocês William Rae Dawson, diretor comercial, e pelo inglês Charles Octávius Frank, diretor financeiro, que administravam a loja de perto, pois os sócios, Henry Portlock e John Kitching, residiam em Londres. Cf. Zuleika Alvim & Solange Peirão, *Mappin 70 anos*, cit.

[102] O anúncio aparece na primeira página de três importantes jornais: *O Estado de S. Paulo, Jornal do Comércio* e *Fanfulla*. O novo prédio também é anunciado nos jornais *The Times of Brazil, A Zona Ilustrada, La Colonia, O Brazil, Auto Paulista* e *Al-Madraçat*; nas revistas *Vida Moderna, Fon-fon* e *A Cigarra*; e no programa do Teatro São Pedro naquele domingo.

[103] Considero significativas as seções que tiveram sua inauguração largamente alardeada nos anúncios, como as de rádio, salão de beleza, perfumaria e artigos para esporte, entre outras.

[104] *O Estado de S. Paulo*, São Paulo, 12-7-1923.

Abertura de um novo espaço para a moda e a sociabilidade feminina

Figura 17: Vista panorâmica da loja em 1920.

Três novidades se destacam em 1926: a seção de artigos para viagem, a abertura do salão de beleza e a realização de desfiles de moda com "modelos vivos".

Em 1927, é anunciada a British Library, salão de leitura dentro da loja em que as senhoras poderiam desfrutar do melhor da literatura inglesa.[105]

Até 1929 só se tem notícia do fechamento de uma seção – a de música. Nesse período, a loja ampliou seu campo de ação. A cidade cresce sem parar, e o Mappin Stores acompanha esse movimento, ampliando suas atividades e apresentando cada vez mais novidades

---

[105] Os anúncios da British Library eram direcionado às mulheres. Cf. *O Estado de S. Paulo*, São Paulo, 5-3-1927.

Figura 18: Uma das novas atrações da loja em 1926, os desfiles de moda se tornariam tradição na loja, que os abrigaria até a década de 1960.

por intermédio da moda, das inovações tecnológicas e dos espaços de lazer e sociabilidade. É possível afirmar que a loja se firmou como símbolo da modernidade e do progresso que a cidade de São Paulo começava a associar à sua própria imagem naquele momento.

Um espaço distinto e luxuoso

Até aqui, procurei destacar as semelhanças do Mappin Stores com as lojas de departamentos americanas e européias, demonstrando como a loja se encaixa no modelo criado em meados do século XIX. Não há dúvida de que, à época de sua inauguração, a loja se pautava pelo mesmo conceito que definia os grandes magazines, como as parisienses Bon Marché e Printemps ou a inglesa Harrods. Instalada no coração comercial da cidade de São Paulo, o Mappin Stores não ficava devendo nada às suas inspiradoras no que se refere às seções, à variedade e à qualidade dos artigos. No entanto, é possível afirmar que delas se distinguia ao menos em um ponto: o público-alvo. Tanto nos Estados Unidos quanto na Europa, as lojas de departamentos, pelo próprio formato, tinham como público-alvo diversas camadas sociais, em especial os trabalhadores de classe média. Bernard Marrey destaca que, entre mais de trinta grandes magazines parisienses do século XIX, até 1939, apenas um se voltava de maneira específica à elite, a La Samaritaine de Luxe, "destinada à clientela rica e à clientela de luxo".[106]

Diversos autores destacaram a relação direta entre a abertura das lojas de departamentos e a incorporação de novos hábitos de consumo, em especial no que diz respeito às mulheres. Michelle Perrot coloca os grandes magazines lado a lado com os salões de chá e a igreja, no que se refere aos lugares da sociabilidade "para mulheres

---

[106] Bernard Marrey, *Les grands magasins: des origines à 1939*, cit., p. 131.

Abertura de um novo espaço para a moda e a sociabilidade feminina

de certa condição", nas cidades européias do século XIX.[107] Renato Ortiz sublinha que "Os *grand magasins* são os primeiros espaços de consumo no sentido moderno do termo", pois "combinam trabalho, lazer, compra e diversão", caracterizando-se ainda como local de encontro e espaço de sociabilidade.[108] Michel Miller faz questão de destacar como o Bon Marché alterou os hábitos de consumo das classes médias na França, no final do século XIX. William Leach demonstra como as lojas de departamentos alteraram a rotina das mulheres da classe média e das trabalhadoras americanas.[109]

No entanto, se levarmos em conta a configuração socioeconômica paulista, veremos que, na época, as classes médias ainda estavam em formação.[110] No início do século, a população da cidade de São Paulo era constituída basicamente por imigrantes, trabalhadores das classes mais baixas e famílias das elites cafeeiras, industriais e comerciais, uma pequena camada de profissionais liberais, bacharéis, enfim, pelos indivíduos que conformavam o grupo que aqui convencionamos chamar de "classe média alta". Era a estas que o Mappin Stores pre-

---

[107] Michelle Perrot, *Mulheres públicas* (São Paulo: Unesp, 1998), p. 38.

[108] Renato Ortiz, *Cultura e modernidade: a França no século XIX* (São Paulo: Brasiliense, 1991), p. 169.

[109] William Leach, "Transformations in a Culture of Consumption: Women and Departament Stores", 1890-1925, em *The Journal of American History*, cit., p. 319.

[110] As origens da classe média brasileira remontam ao século XIX. As famílias dos funcionários, dos profissionais liberais, dos militares, dos pequenos comerciantes e artífices contribuíram para a formação das camadas médias. Esse núcleo urbano foi ampliado pela imigração e colonização, sobretudo do sul do Brasil, no início do século XX. A política de colonização portuguesa, que privilegiava os latifúndios e a produção para a exportação, não criava condições favoráveis ao seu desenvolvimento. O lento desenvolvimento das cidades também colaborou para a morosa expansão da classe média no Brasil, que só ganha fôlego no século XX, em especial a partir dos anos 1940, com o crescimento da rede da cidade e com a industrialização. Cf. Benedicto Silva (org.), *Dicionário de ciências sociais*, cit., p. 192.

Um espaço distinto e luxuoso

tendia atender. Ou, como ressaltam Zuleika Alvim e Solange Peirão: o Mappin "queria servir à elite, e só a ela".[111]

Em entrevista concedida a nós em junho de 2000, a historiadora Zuleika Alvim, uma das autoras do livro comemorativo *Mappin 70 anos*, ao ser questionada sobre se o público a que o Mappin Stores se direcionava era realmente restrito às elites, respondeu que, no seu entender, sem dúvida alguma esse grupo era o principal público-alvo da loja; ou seja, as elites e uma "classe melhorzinha". Segundo ela, isso fica claro não só pelos anúncios da loja, mas também pelas entrevistas realizadas com ex-funcionárias das oficinas de costura, por ocasião da coleta de dados para o "livro do Mappin". Elas relataram à pesquisadora a alta qualidade dos tecidos e de outros materiais utilizados na confecção de roupas, chapéus e acessórios, material todo importado, "de primeira", que, portanto, resultavam em produto final de alto custo, acessível somente a mulheres de famílias mais afortunadas.[112]

Outro dado levantado ao longo da pesquisa e confirmado por Zuleika Alvim leva a crer que o Mappin Stores, ainda que não visasse a uma clientela mais ampla, se fazia presente no dia-a-dia dessa clientela por intermédio de anúncios publicados diariamente em todos os jornais da cidade, do já citado *O Estado de S. Paulo* ao *Correio Paulistano*, passando pelo *Fanfulla* (dedicado à colônia italiana) e por jornais destinados a imigrantes libaneses, japoneses, espanhóis e árabes.[113] Zuleika Alvim concorda conosco no que diz respeito à abertura de espaço na

---

[111] Zuleika Alvim & Solange Peirão, *Mappin 70 anos*, cit., p. 38.
[112] Informação obtida em entrevista concedida a nós por Zuleika Alvim, em 15 de junho de 2000, na residência da pesquisadora, em São Paulo.
[113] Entre os jornais destinados aos imigrantes, foram encontrados no Arquivo Histórico do Mappin anúncios publicados nos periódicos *Al-Madraçat*, *La Colonia* e *A Renascença Libaneza*.

Abertura de um novo espaço para a moda e a sociabilidade feminina

loja para as classes mais populares, em episódios isolados, como as liquidações semestrais e a liquidação de incêndio de 1922 – ocasião em que as mercadorias são vendidas a preços muito baixos.[114] O próprio "livro do Mappin" já trazia uma citação de Zélia Gattai:

> Zélia Gattai se lembra de que aquela foi a única oportunidade em que sua mãe, dona Angelina, fez compras no Mappin: "Apenas uma vez vi minha mãe sair do sério: foi na grande liquidação de incêndio do Mappin, depois do incêndio gigantesco que quase destruiu o maior, o mais conceituado e elegante magazine de São Paulo, quando dona Angelina se acabou de comprar coisas bonitas por bagatelas, verdadeiras pechinchas. Gastou todas as economias da casa, dinheiro que vinha sendo posto de lado para alguma urgência, guardado atrás de um enorme quadro – uma alegoria anarquista – que enfeitava a sala de jantar. Desta vez o 'cofre' ficou vazio, mas os cinco filhos de dona Angelina foram vestidos a capricho da cabeça aos pés, cobertos de roupas e calçados finos, roupas de gente rica. Entre outras coisas, mamãe comprou ainda dois chapéus para ela, verdadeiramente gloriosos: ambos de palha preta brilhante, enfeites diferentes. Um deles exibia imenso buquê de flores coloridas, um pássaro voando sobre elas, sustentado por uma espiral de arame revestido de verde. O outro tinha parte da copa e da aba cobertas por enorme cacho de uvas brancas. [...] É possível que fossem chapéus fora de moda, refugos entrando na liquidação para desocupar espaço. Não sei. Do que estou certa, no entanto, é que mamãe se sentiu muito feliz quando saía ostentando em sua cabeça tão chamativas obras de arte".[115]

---

[114] Segundo Zuleika Alvim e Solange Peirão, o grande incêndio de 1922 foi o maior sofrido pela loja, que teve de ser fechada por quase dois meses. Na ocasião, o salão de chá foi a seção mais atingida. Cf. Zuleika Alvim & Solange Peirão, *Mappin 70 anos*, cit.

[115] Cf. Zélia Gattai, *apud* Zuleika Alvim & Solange Peirão, *Mappin 70 anos*, cit, pp. 78-79.

Um espaço distinto e luxuoso

Figura 19: Depois do grande incêndio de 1922, as mercadorias que restaram do acidente vão à liquidação e a "tragédia" se transforma em motivo para compras!

Os anúncios da loja confirmam a preferência pelas mulheres pertencentes às classes mais abastadas. A imagem da mulher nas mensagens publicitárias do Mappin Stores é um dos indicativos mais importantes da escolha do público-alvo, pois dava muito mais destaque à moda, aos perfumes, às vitrines, que as senhoras poderiam apreciar durante o *footing* costumeiro, e à qualidade do serviço do salão de chá do que à apresentação de novas utilidades domésticas, ao contrário do que faziam as lojas européias e americanas já no início do século (gráfico 1).

Abertura de um novo espaço para a moda e a sociabilidade feminina

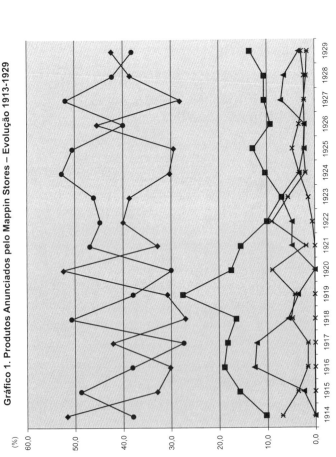

Gráfico 1. Produtos Anunciados pelo Mappin Stores – Evolução 1913-1929

◆ Artigos femininos*
■ Artigos masculinos
◀ Cama, mesa e banho
✕ Utilidades domésticas
✲ Infantil
● Outros

* O item Artigos femininos é composto pelo somatório dos seguintes anúncios: moda feminina, perfumaria, tecidos e armarinhos.
Obs.: Os dados estatísticos são resultado da contagem dos anúncios do Mappin Stores publicados no jornal *O Estado de S. Paulo* entre 1913-1929.

Um espaço distinto e luxuoso

Figura 20: É a criada quem aparece usando os produtos para limpeza anunciados no catálogo de Natal e ano-novo de 1933.

A loja é inaugurada como Casa de Modas, direcionando a maior parte de sua propaganda para esse tópico (gráfico 2). A seção de utilidades domésticas, como visto, foi inaugurada apenas em 1922, quando a casa tinha quase dez anos de funcionamento. A publicidade dessa seção, ao contrário das lojas de departamentos européias ou americanas, não apresentava a tecnologia dos equipamentos domésticos como aliada da dona-de-casa, mas das empregadas domésticas – ou criadas, como eram comumente nomeadas nas peças de propaganda –, como cozinheiras ou arrumadeiras. No material publicitário

Abertura de um novo espaço para a moda e a sociabilidade feminina

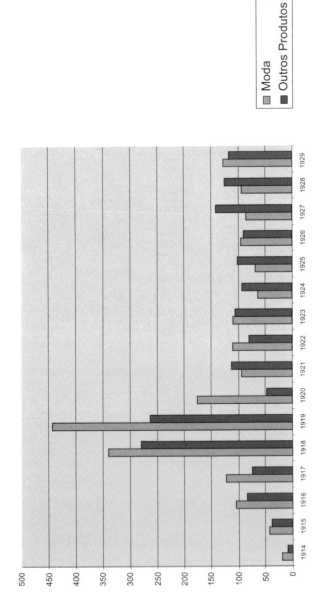

Gráfico 2. Artigos de moda* anunciados pelo Mappin Stores – Evolução 1913-1930

* Denomino artigos de moda roupas prontas, acessórios (chapéu, sapato, xales, bijuterias, etc.), perfumes, tecidos, rendas, bordados e armarinhos para vestuário em geral. Obs.: Os dados estatísticos são resultado da contagem dos anúncios de produtos publicados pelo Mappin Stores entre 1913-1930, no jornal *O Estado de S. Paulo*. Os anúncios de serviços não estão contabilizados.

Um espaço distinto e luxuoso

que divulgava utilidades domésticas ou peças de cama, mesa e banho, a aprovação de um produto de limpeza ficava a cargo delas, em especial das negras – que só apareciam nas propagandas do Mappin Stores quando o "cenário" era a cozinha, reforçando e preservando estereótipos dos tempos da escravidão.[116] O sabão Brillo é apresentado em um anúncio como "o amigo das cozinheiras".[117]

A representação das criadas cuidando das tarefas domésticas casa-se perfeitamente com a idéia do *Palais de la Femme*. Não tendo de se ocupar com essas tarefas,[118] as mulheres tinham mais tempo livre para praticar o *shopping* – ir à cidade para conferir as novidades mostradas nas vitrines, tomar chá com as amigas, cuidar dos cabelos no salão de beleza e ainda comprar um belo vestido de passeio. Tudo em um mesmo lugar, em que elas podiam circular livremente, cuidar de si e divertir-se, sem deixar de lado as tarefas de mãe-esposa e dona-de-casa, pois no próprio Mappin Stores tinham a possibilidade

---

[116] Suely Kofes ressalta que, mesmo após a abolição, a população negra sustentará a representação "degradante do trabalho manual". Muitas associações depreciativas continuam ligadas aos negros, como, por exemplo, a associação entre ser negra e cozinheira ou entre ser "da cozinha" e negro. Cf. Suely Kofes, *Mulher, mulheres: diferença e identidade nas armadilhas da igualdade e desigualdade: interação e relação entre patroas e empregadas domésticas*, tese de doutorado (São Paulo: FFLCH – USP, 1990), p. 122.

[117] Cf. *O Estado de S. Paulo*, São Paulo, 24-2-1928. "Dona Risoleta relata em suas lembranças que trabalhou desde menina em casa de família, onde ela passava, botava mesa, tirava mesa, areava o talher. Em seu primeiro emprego, a casa era grande e ela tinha de cuidar de quase tudo sozinha, exceto cozinhar, tarefa que ficava a cargo de 'uma preta bem velha'", em Ecléa Bosi, *Memória e sociedade: lembranças de velhos*, cit., p. 300.

[118] Essas propagandas deixam clara a ambigüidade presente nas relações entre patroas e empregadas, pois ao mesmo tempo em que há uma proximidade dessas últimas com a vida familiar – são elas que cuidam da comida, das roupas, da arrumação dos ambientes íntimos – existe também uma "exclusão". Essas mulheres, mesmo quando brancas – no caso das arrumadeiras, por exemplo –, não participam da vida social da casa e se ocupam exclusivamente a preparar, cuidar e cumprir tarefas para os patrões. Cf. Suely Kofes, *Mulher, mulheres: diferença e identidade nas armadilhas da igualdade e desigualdade: interação e relação entre patroas e empregadas domésticas*, cit., p. 118.

de comprar roupas e brinquedos para os filhos, renovar o estoque de meias dos maridos e – por que não? – comprar um novo uniforme para as criadas.[119]

Figura 21: Sabão Brillo, "o amigo das cozinheiras".

---

[119] A loja anunciava, com alguma freqüência, uniformes para pajens e criados, direcionando os anúncios às mulheres. Sob títulos como "Grande sortimento de uniformes para seus pajens e criados", o Mappin Stores divulgava uniformes para arrumadeiras, cozinheiras e capas para chofer. Cf. *O Estado de S. Paulo*, São Paulo, 27-3-1919.

Um espaço distinto e luxuoso

Há um único exemplo de anúncio no qual a dona da casa contracena com toalhas de linho belga adamascado – o destaque não se centra na durabilidade, na resistência ou no preço da peça. O importante é a grife – aqui representada pela procedência belga –, bem como a beleza e a qualidade. No anúncio, não só a senhora aprova a toalha como recebe os convidados, fazendo uso dela. Essa propaganda privilegia duas características recorrentes na publicidade do Mappin Stores: a preocupação em agradar a elite e a associação da mulher com suas atividades sociais.

A freqüência de anúncios de roupas para ir ao teatro ou à ópera oferece mais indícios sobre a preferência do Mappin Stores pela elite paulistana. Essa constatação é corroborada por Yolanda Penteado, que conta que "as temporadas do Teatro Municipal eram elegantíssimas. Os homens de casaca, as mulheres no rigor da moda".[120] Senhor Ariosto, filho de família de imigrantes italianos e garçom-gerente do bar e restaurante do Teatro Municipal, tece o seguinte comentário sobre a aparência dos freqüentadores dos espetáculos ali apresentados: "Os homens iam de casaca e as mulheres de vestuários lindos; por causa das roupas é que nunca pude trazer mamãe para ver os espetáculos".[121] As roupas e os acessórios anunciados pelo Mappin Stores para essas ocasiões eram todos muito finos, como o demonstra o texto do anúncio de julho de 1917: "Para o Teatro! Acabamos de receber uma importante remessa de *toilettes* de teatro vinda diretamente de Paris". Material publicitário dessa natureza comunicando a chegada de modelos para a noite, vindos direto de grandes casas londrinas e parisienses, para o Teatro, o Lírico, as tardes no Prado e os bailes – lembrados por Heloísa Alves de Lima

---

[120] Yolanda Penteado, *Tudo em cor de rosa* (Rio de Janeiro: Nova Fronteira, 1976), p. 85.
[121] O senhor Ariosto começou a trabalhar no Teatro Municipal em 1928. Cf. Ecléa Bosi, *Memória e sociedade: lembranças de velhos*, cit., p. 103.

como uma de suas diversões prediletas –[122] eram muito comuns. E é para essas ocasiões que a loja anuncia ainda "luvas francesas, meias em cores, leques e mais acessórios".[123]

Figura 22: Em 5-5-1928, as novidades são os acessórios de "Paris", originais ou "cópias exatas" das criações de algumas das principais casas de alta-costura do período.

---

[122] Das diversões de seu tempo, a autora lembra as animadas festas à fantasia, os vesperais do Club Athletico Paulistano, os chás-dançantes que aconteciam no Chá Paulista (ao lado do hotel Esplanada) e o *footing* na avenida Paulista. Heloísa Alves de Lima, *Uma menina paulista*, cit., p. 65.

[123] *O Estado de S. Paulo*, São Paulo, 17-8-1918.

Um espaço distinto e luxuoso

O Mappin Stores faz questão de ressaltar, durante a temporada lírica, que suas oficinas de costura aviam com rapidez e perfeição as encomendas que lhe são confiadas, garantindo ainda "esmerada confecção".[124] Em outro anúncio, todo redigido em francês, informa às clientes que seu ateliê é dirigido por *"une dame française ayant beaucoup d'expérience."*[125] Os anúncios de vestidos de *soirée*, dos "célebres costureiros de Paris, Bernard, Drécoll, Paton,[126] Philippe, Gaston e Savary", recebidos para a temporada lírica de 1924, não deixam dúvidas quanto à clientela que a loja pretendia atingir. Dentre os costureiros citados no anúncio, é possível destacar Drécoll e Patou. O primeiro era presença constante no Mappin Stores: muitos modelos anunciados eram *"chez* Drécoll", e a loja gostava de lembrar, em suas propagandas, que a mestre da oficina de costura era uma ex-funcionária da Maison Drécoll, conhecida pelos "vestidos de chá, vestidos de passeio e de noite".[127] As Maison Drécoll e Patou estavam sempre no roteiro de compras de Yolanda Penteado em suas viagens a Paris nos anos 1920.[128] Jean Patou também estava entre os costureiros predile-

---

[124] *O Estado de S. Paulo*, São Paulo, 22-9-1918.

[125] "Uma senhora francesa muito experiente". Cf. *O Estado de S. Paulo*, São Paulo, 30-6-1918. As oficinas de costura funcionavam para fazer pequenos ajustes nos modelos de roupas prontas e para confeccionar peças exclusivas criadas por Edward Couch. Cf. Zuleika Alvim & Solange Peirão, *Mappin 70 anos*, cit., p. 42.

[126] Paton provavelmente era uma variação, ou mesmo um erro de impressão ou grafia, de Patou, costureiro que criava roupas para atrizes como Constance Bennet e Louise Brooks. Erros desse tipo eram freqüentes nas propagandas do Mappin Stores. O chá das cinco, em algumas ocasiões, aparece grafado *Five ó clok*, como no anúncio de 20-2-1926.

[127] "A Maison Drécoll foi fundada por Christopher Drécoll em Viena, Áustria. No início do século XX, o nome foi comprado por um homem de negócios belga, o qual abriu uma casa em Paris, em 1905, conhecida pelos vestidos de chá cheios de detalhe. A Drécoll fechou em 1929". Cf. Georgina O'hara, *Enciclopédia da moda. De 1840 à década de 80* (São Paulo: Companhia das Letras, 1992), p. 104.

[128] Yolanda Penteado, *Tudo em cor de rosa*, cit., p. 88.

Abertura de um novo espaço para a moda e a sociabilidade feminina

tos de Tarsila do Amaral.[129] Além de oferecer modelos de costureiros famosos, o Mappin Stores procurava garantir a qualidade de suas mercadorias e principalmente o conforto e a satisfação da clientela, assegurando-lhes o direito de trocar peças com defeito.[130]

Com a abertura do balcão de perfumaria em 1926, a loja passa a oferecer

> [...] o maior e melhor sortimento da capital em extratos, águas de colônia e de *toilette*, loções, pós-de-arroz, sais para banho, talcos, pastas dentríficas, escovas, pentes, polidores, *bûle-parfuma*, arminhos, esponjas, vaporizadores, etc.[131]

O anúncio destaca ainda o sortimento de perfumes. Dentre as diversas marcas, era possível encontrar aqueles das mais tradicionais casas e perfumarias européias, como Guerlain, D'Orsay, Coty, Atkinson, Caron, Roger & Gallet. Em 1928, duas importantes marcas aumentam o sortimento e o prestígio da perfumaria – por esses tempos transformada em seção – Worth e Chanel. Perfumes, loções, águas de colônia, águas de *toilette*, batons, pós compactos e vaporizadores eram alguns dos produtos oferecidos pelas duas marcas.[132]

No mesmo ano de abertura da perfumaria, o Mappin Stores inaugura no 3º andar um salão de beleza – ou Salon de Beauté, como preferia anunciar –, o qual oferecia "um ambiente luxuoso e confor-

---

[129] Em uma carta à mãe, datada de 5 de julho de 1923, Tarsila escreve de Paris relatando um jantar com o embaixador, no qual estivera presente com a "elite dos artistas franceses e uma elite brasileira" e ao qual compareceu "lindamente vestida por Patou". Cf. Aracy A. Amaral, *Tarsila: sua obra e seu tempo* (São Paulo: Perspectiva/Edusp, 1975), p. 377.

[130] Cf. Zuleika Alvim & Solange Peirão, *Mappin 70 anos*, cit.

[131] *O Estado de S. Paulo*, São Paulo, 26-6-1926.

[132] *O Estado de S. Paulo*, São Paulo, 7-7-1928.

Um espaço distinto e luxuoso

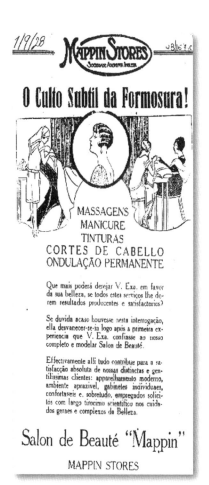

Figura 23: Além dos novos penteados, conforto e modernidade são alguns atrativos do Salon de Beauté do Mappin Stores.

tável", sem deixar de lado os "mais rigorosos padrões de higiene".[133] Ali, as "excelentíssimas senhoras" poderiam encontrar variada gama de cuidados estéticos, cortes de cabelo, ondulações, tinturas, e ainda fricções, massagens faciais e manicures, para as quais a loja dispunha

---

[133] *O Estado de S. Paulo*, São Paulo, 16-12-1926.

de uma profissional "diplomada", Nelly Colson, inglesa radicada no Brasil que fora enviada à Inglaterra para fazer um curso especializado de três meses antes de assumir a função.[134]

Figura 24: Instalações do salão de beleza do Mappin Stores.

No salão, também era possível mudar a cor do cabelo com tintura de *henné*, "exclusivamente vegetal, [...] aplicada de maneira a fixar, numa cor uniforme, qualquer das gradações que vão do preto ao loiro-carvão".[135] Em agosto de 1926, a loja anunciava: "Para o Lírico, para as grandes reuniões sociais, para diversões e passeios, enfim,

---

[134] Cf. Zuleika Alvim & Solange Peirão, *Mappin 70 anos*, cit., p. 86.
[135] *O Estado de S. Paulo*, São Paulo, 12-2-1926; e 11-3-1926.

para qualquer festa de intimidade, a dama elegante de hoje requer o trabalho de hábeis profissionais da arte da beleza e *coiffeur*". E informava que o Salon de Beauté do Mappin Stores dispunha de verdadeiros artistas para cada especialidade: "Artísticos cortes de cabelo, ondulações Marcel, ondulações permanentes pelos últimos métodos [...]. Tratamento científico da Cutis pelo sistema norte-americano *face moulding*, manicure e pedicure".[136]

O salão de beleza é mais um espaço de sociabilidade feminina dentro do Mappin Stores, uma vez que, além de cuidar dos cabelos e da pele, nesse local as mulheres estão em contato com outras mulheres, inclusive com os profissionais que ali atendiam. Na mesma época, a já citada popularização das tintas capilares, somada ao corte *à la garçonne* (o qual, apesar de ser muito prático, precisava de manutenção constante), amplia a presença feminina nos salões. Ao contrário dos cabelos compridos que podiam ser cuidados pelas próprias mulheres em seus *boudouir*, a "moda *à la garçonne*" era preferencialmente uma moda consumida em público. A freqüência feminina aos salões de beleza era parte do movimento que estava, cada vez mais, trazendo a mulher para fora dos espaços privados da sociedade, permitindo que se movimentassem pelos espaços públicos.[137]

Mesmo oferecendo maior número de serviços e mercadorias destinados às mulheres, a casa queria agradar também aos parceiros destas, ou seja, aos homens das elites, como é possível observar no anúncio de julho de 1929. A casa traz em primeiro plano a

---

[136] *O Estado de S. Paulo*, São Paulo, 31-8-1926.

[137] Steven Zdatny assinala ainda que para as mulheres das classes médias isso marcava uma mudança análoga à permissão de fumar em público, de ir à cidade desacompanhada ou de beber no "informalmente proibido" bar do Hotel Ritz. Steven Zdatny, "The Boyish Look and the Liberated Woman: The Politics and Aesthetics of Women's Hairstyles", em Valerie Stelle, *Fashion Theory: The Journal of Dress, Body & Culture* (4ª ed. Oxford: Berg, dezembro de 1997).

Abertura de um novo espaço para a moda e a sociabilidade feminina

imagem da loja e o seguinte texto: "A casa para o servir". A mensagem publicitária frisava a alta qualidade dos artigos de vestuário masculino, os quais podiam ser encontrados na loja: "sobretudos de *tweed*, capas Dexter e Lancaster, pulôveres, suéteres e meias de lã de Morley, bonés, roupas interiores de malha de lã inglesa, luvas, pijamas, chambres e jaquetas de tecidos espesso, alfaiataria, chapéus Stetson e Battersby". Buscava, assim, demonstrar que era possível encontrar ali o que de melhor havia em termos de elegância masculina.[138] O luxo não se restringia ao vestuário feminino, pois aos cavalheiros eram oferecidas peças de finíssima qualidade, como "os famosos chapéus ingleses Henry Heath, feitos do melhor pêlo de lebre e castor procedente da Austrália, em modelos distintos, elegantes, em cores discretas de plena atualidade". E: "Do mesmo fabricante britânico [...] para a temporada lírica ou recepção, os seus últimos modelos de chapéus cilindros", esclarece um anúncio de agosto de 1926.[139] Ainda que os colarinhos removíveis Bontex e as capas Lancaster fossem as peças do vestuário masculino mais anunciadas, eram as "irrepreensíveis casacas para o Lírico"[140] que mereciam destaque na propaganda, ou as camisas inglesas para casaca "dum corte perfeito", ambas encontradas na seção de alfaiataria que, como a loja fazia questão de informar, era dirigida por um experiente contramestre argentino.[141]

Enquanto as mulheres dispunham das melhores marcas de cosméticos e demais aparatos para beleza e higiene, aos homens a loja oferecia *Kriss Kross*, a última palavra em aparelho de barbear – como destacava um anúncio publicado em 1928.

---

[138] *O Estado de S. Paulo*, São Paulo, 21-4-1929.
[139] *O Estado de S. Paulo*, São Paulo, 28-8-1926.
[140] *O Estado de S. Paulo*, São Paulo, 15-10-1922.
[141] *O Estado de S. Paulo*, São Paulo, 28-7-1921.

Um espaço distinto e luxuoso

A loja oferecia ainda uma infinidade de artigos para o *sportsmen*, com destaque para os calções de montaria, *breeches* ou *pantalons*,[142] "cortados de modelos originais de um perito inglês". A popularidade dos esportes entre as elites paulistanas foi observada por Mônica R. Schpun. A autora definiu o amor pelos cavalos como um hábito que as elites cafeeiras importaram da fazenda, aclimatando-o ao ambiente das cidades. Fundada em 1911, a Sociedade Hípica Paulista era um dos clubes mais elitistas de São Paulo, "mantendo um núcleo de sócios muito restrito e selecionado".[143]

O tênis era outro esporte que "combina perfeitamente com as aspirações da oligarquia, na medida em que denota de vários modos a sofisticação, seja através dos trajes brancos ou das regras sociais de sua prática".[144] É fácil, portanto, entender por que o material necessário à sua prática figura entre as mercadorias anunciadas com maior freqüência. Raquetes de diversas marcas – Sandown Egyptian, A. L., Acme, Wilding e Doherty – são anunciadas com bastante regularidade.[145] Casacos e bonés de couro, guarda-pós, capas Lancaster, luvas e perneiras – a indumentária completa para o motociclista – também podiam ser encontrados na loja.[146]

Em outubro de 1926, são anunciados "lindos modelos de roupas francesas para banho", sob a chamada: "Inauguração da nova pisci-

---

[142] A definição de *breeches*, segundo o dicionário *Oxford* é: calças curtas presas um pouco abaixo dos joelhos usadas em montaria. Cf. Jonathan Crowther, *Oxford Advanced Learner's Dictionary* (Oxford: Oxford University Press, 1995).

[143] Mônica R. Schpun, *Beleza em jogo: cultura física e comportamento social em São Paulo nos anos 20*, cit., pp. 54-55.

[144] *Ibid*, p. 59.

[145] *O Estado de S. Paulo*, São Paulo, 1916.

[146] Mônica R. Schpun relata que a revista *Sports* dedicava grande parte de seus artigos a esportes como aviação, automobilismo e motociclismo, e comenta que esses textos interessavam, provavelmente, apenas àqueles que podiam comprar motocicletas ou carros importados, "possibilidade limitada a muito poucos". Mônica R. Schpun, *Beleza em jogo: cultura física e comportamento social em São Paulo nos anos 20*, cit., p. 68.

na do CAP",[147] sigla pela qual era conhecido o Club Athletico Paulistano. O clube, "freqüentado pela *crème de la crème*", havia algum tempo possuía instalações sociais e esportivas, luxuosas e modernas para a época, mas deixava a desejar no que se referia à natação, praticada em um tanque rudimentar.[148] A inauguração da nova piscina com 18 m x 30 m, com vestuários contíguos (dezoito cabines para mulheres e 27 para homens), foi um evento de grande importância para a sociedade paulistana. Estiveram presentes ao ato inaugural o presidente da República Washington Luiz Pereira de Souza e o governador do Estado, Carlos de Campos.[149]

Figura 25: A inauguração da nova piscina do CAP movimenta a sociedade paulistana e funciona como mote para o anúncio do Mappin Stores publicado no dia do evento.

---

[147] *O Estado de S. Paulo*, São Paulo, 3-10-1926.
[148] Heloísa Alves de Lima. *Uma menina paulista*, cit., p. 49.
[149] Mônica R. Schpun, *Beleza em jogo: cultura física e comportamento social em São Paulo nos anos 20*, cit., p. 48.

Um espaço distinto e luxuoso

Outros produtos marcadamente de elite eram oferecidos na loja, como abajures, "papéis pintados", "gramofones Vocalion ou Grippa", pianos Steck e pianolas Duo Arte, recomendadas por Guiomar Novaes. "Eu considero a Duo Arte pianola o único instrumento capaz de reproduzir com fidelidade as sutilezas do meu modo de tocar", declara a pianista em 1921. Guiomar Novaes já era pianista de grande prestígio por esses tempos, conforme relata Laura O. R. Octávio,[150] que, como Heloísa Alves de Lima, teve aulas de piano durante a juventude. Aprender piano nas primeiras décadas do século era parte da educação das moças de boa família, como mostram os relatos das duas memorialistas.[151]

Os serviços do Mappin Stores também procuravam garantir à clientela de elite um ambiente refinado e familiar. Um bom exemplo é o anúncio de 11 de novembro de 1915 sobre o salão de chá. Antes de apresentar as especialidades, os preços e os horários de funcionamento, é inserida a seguinte notificação:

> Notícia especial: a nossa sala de chá é somente para as Exmas. famílias. Qualquer pessoa equívoca ou as que não se comportarem bem não serão servidas. Reservamos o direito de recusar servir algumas pessoas sem dar razão. A entrada na sala de chá é agora somente por medida de *lift* interno do Mappin Stores.

Provavelmente, o que o anúncio em questão pretende esclarecer e sublinhar é que nas dependências do salão a moral e as regras sociais

---

[150] Cf. Laura O. R. Octávio, *Elos de uma corrente: seguidos de outros elos*, cit., p. 89.

[151] Laura O. R. Octávio teve aulas com o professor Otero (pianista e crítico do jornal *O Estado de S. Paulo*) e conta que outras moças de seu convívio faziam a aprendizagem com o afamado professor Chiafarelli (rival de Otero e professor de Guiomar Novaes). Heloísa de Lima relata que tomou aulas de piano como o professor Manfredini, nas quais tinha como colegas Lydia e Tarsila do Amaral. Cf. Laura O. R. Octávio, *Elos de uma corrente: seguidos de outros elos*, cit., p. 89; e Heloísa Alves de Lima, *Uma menina paulista*, cit., p. 57.

Abertura de um novo espaço para a moda e a sociabilidade feminina

das famílias paulistanas seriam preservadas; ali, as mulheres, mesmo estando no espaço público, estariam longe dos "perigos" e poderiam desfrutar de um convívio social saudável, com pessoas da mesma estirpe e procedência.

No ano seguinte, uma propaganda do *Five O'Clock Tea* o apresenta como o ponto de encontro preferido da "elite paulistana", acrescentando que isso se devia ao "esmerado serviço, à harmonia do conjunto e à agradável vista de que se goza do terraço em que está situada a sala de chá". Grata pela preferência dispensada pelas "distintas senhoras paulistanas", a "casa tem se esforçado em melhorar este serviço" e "pôs à testa da sala de chá um *maître du metier*", a fim de melhor atender à clientela.[152] Os produtos oferecidos no salão confirmam o refinamento do local de parada das senhoras paulistanas após o "*footing* costumado". Ali era possível degustar uma rica variedade de finas iguarias importadas, como chás, chocolates e licores. Apesar do cardápio refinado e da preocupação da publicidade em associar o espaço às elites, o salão de chá funcionava como "elo fictício entre os grã-finos e os outros", pois, "com o preço fixo de dois mil réis e uma quantidade enorme de quitutes, os rapazes e as moças de classe média se sentiam próximos dos endinheirados, recompensados, promovidos por essa pseudoconvivência instantânea".[153]

A abertura do salão, em 1915, vai ao encontro das necessidades das mulheres paulistanas, as quais reclamavam, algumas destas, no início do mesmo ano (como se constata da leitura da carta de uma senhora à *Revista Feminina*), a falta de um espaço agradável para se reunir com as amigas nas tardes após o *footing* pelo Triângulo.[154] O salão de chá se

---

[152] *O Estado de S. Paulo*, São Paulo, 11-12-1915.

[153] Laura Vergueiro, "O lazer e diversão em São Paulo: o entreguerras", em *O caderno de São Paulo: um empreendimento Rhodia* (São Paulo: Rhodia, 1979), p. 46.

[154] *Revista Feminina*, nº 8, São Paulo, janeiro de 1915, p. 15.

Um espaço distinto e luxuoso

tornaria nos anos 1930 o local da realização dos desfiles semestrais de moda produzidos pela loja a partir de 1926 e, de acordo com Zuleika Alvim e Solange Peirão, dos primeiros eventos desse tipo realizados no Brasil de que se tem conhecimento.[155] A princípio, os desfiles, ou melhor, as "paradas de *modéles vivants*", como a loja preferia denominá-los, tinham por espaço a sobreloja, mas passaram a ser realizados, a partir de 1927, no salão de chá.[156] As manequins[157] eram recrutadas entre as funcionárias da loja e treinadas por Edward Couch, cenógrafo que iniciou a carreira na Harrod's inglesa, responsável pelas premiadas vitrines da loja por 45 anos.[158] Uma propaganda de novembro do mesmo ano dá uma idéia do direcionamento seleto do evento, avisando a

---

[155] No Arquivo Histórico do Mappin Stores há diversas fotos dos desfiles de moda. Com a desativação do salão de chá em 1959, os desfiles passaram a ter como palco o piso térreo – como é possível observar em algumas fotos que retratam desfiles da década de 1960. A ausência de registros fotográficos nas décadas seguintes leva a crer que os desfiles deixaram de fazer parte da tradição da loja, provavelmente em decorrência da popularização do Mappin. Em anos recentes, a única investida da loja em eventos desse tipo aconteceu em 1998, quando um desfile da coleção outono/inverno do Mappin/Mesbla abriu a temporada de desfiles daquela edição do Morumbi Fashion – principal evento da moda brasileira nos anos 1990.

[156] Brian Owensby destaca que, mesmo após a popularização da loja no decorrer da década de 1930, o salão de chá e o American Bar – criado após o período englobado por este livro – continuariam a ser locais reservados às elites dentro da loja. "Por volta de 1940, a principal loja de departamentos de São Paulo não estava longe de ser um local reservado exclusivamente aos ricos. A elite continuou a se encontrar no salão de chá e no American Bar". Cf. Brian Owensby, *Intimate Ironies. Modernity and the Making of Middle-Class Lives in Brazil*, cit., p. 114.

[157] Mais informações sobre a história das modelos e manequins no Brasil, ver Maria Claudia Bonadio, "Dignidade, celibato e bom comportamento: relatos sobre a profissão de modelo e manequim no Brasil dos anos 1960", em *Cadernos Pagu*, nº 22, Campinas, Unicamp, 2004, pp. 47-81; e *O fio sintético é um show! Moda, política e publicidade (Rhodia 1960-1970)*, tese de doutorado (São Paulo: IFCH – Unicamp, 2005).

[158] Edward Couch trabalhou no Mappin Stores por 45 anos. A data de sua entrada na loja não é precisada por Zuleika Alvim e Solange Peirão. Além das vitrines do Mappin, que foram premiadas mais de uma vez no concurso de vitrines realizado pela Prefeitura de São Paulo na primeira metade do século XX, o cenógrafo inglês também era responsável pela criação de alguns modelos de roupa exclusivos do Mappin.

todos que aquele seria "um dia clássico da elegância paulistana". Na nova parada de modelos vivos, seriam apresentados, "em linhas harmoniosamente inspiradas, felizes criações de: René, Drécoll, Pateau (*sic*), Ciber, Lucien, Gaston, etc.".[159] E, caso fosse necessário fazer algum ajuste nos modelos de *prêt-à-porter*, a oficina de costura da loja providenciaria o serviço com muita rapidez.[160]

Figura 26: A modelo Leonor Perrone desfila no salão de chá do Mappin Stores, na década de 1920.

Os serviços oferecidos pelo Mappin Stores buscavam proporcionar aos clientes, a partir do momento em que entravam na loja –

---

[159] *O Estado de S. Paulo*, São Paulo, 18-12-1926.
[160] As oficinas de costura funcionavam para fazer pequenos ajustes nos modelos de *prêt-à-porter* e para confeccionar peças exclusivas criadas por Edward Couch.

Um espaço distinto e luxuoso

quando eram recebidos por um porteiro elegantemente vestido – até o instante em que a deixavam, o máximo conforto. Tal preocupação fica evidenciada no anúncio de março de 1920. A loja informa que, em razão de uma lei municipal – que provavelmente proibia estacionar nas imediações –, criara um estacionamento no Vale do Anhangabaú. Lá, os "choferes" ficariam aguardando e "no momento em que V. Exa. precise do automóvel basta ordenar ao nosso porteiro a respectiva chamada; no curto espaço de dois minutos o carro estará em sua presença".[161]

Por todas essas comodidades oferecidas, o Mappin Stores, em propaganda de 1928, ousava se anunciar como um estabelecimento comercial "no mesmo nível do progresso de São Paulo" e convidava os turistas em passeio ou negócios pela capital a conhecer a casa e "atestar o grau de seu invejável progresso!". Ressaltava tratar-se de uma "casa moldada em processo análogo aos de grandes *magasins* de Paris, Londres e Nova York", o que lhe dava, naqueles tempos, a condição de "um dos mais luxuosos e completos empórios de moda do Brasil". Esclarecia ainda que os turistas poderiam visitá-la "sem o mínimo constrangimento; antes, ao contrário, na posse plena de sua liberdade",[162] explicitando a possibilidade de visitar a loja sem a obrigação de adquirir qualquer produto.

Como se não bastasse o fato de a maior parte das mercadorias estar voltada ao interesse da mulher, também a maioria dos convites para visitar a loja era a elas direcionado. A casa se caracterizava intencionalmente como um espaço feminino. A mulher era, sem dúvida, o público-alvo da loja, que a privilegiava em seus anúncios, de maneira direta ou indireta. O Mappin Stores não só anunciava mais artigos para as

---

[161] *O Estado de S. Paulo*, São Paulo, 28-3-1925.
[162] *O Estado de S. Paulo*, São Paulo, 19-2-1928.

mulheres como pretendia atraí-las por intermédio da propaganda de artigos para casa e família, direcionada especificamente a elas.

Figura 27: Estacionamento, mais um serviço do Mappin Stores aos seus clientes.

O *Palais de la Femme* tinha, portanto, as mulheres da elite paulistana como principal alvo e propiciava a elas nova possibilidade de estar presente no espaço público, estimulando a sociabilidade ao mesmo

Um espaço distinto e luxuoso

tempo em que preservava o papel de mãe-esposa e dona-de-casa. Os anúncios deixam muito claro que é essa a consumidora preferencial da loja: uma mulher de elite, com tempo livre para olhar as vitrines, apreciar as novidades na sobreloja – onde se localizava a seção de modas – e cuidar da aparência no salão de beleza. É possível afirmar que as propagandas do Mappin Stores estavam de acordo com os ideais de feminilidade vigentes na época, os quais estimulavam os cuidados com a aparência. Mônica R. Schpun observa que "a beleza de uma mulher colabora sobretudo [...] na conquista de uma posição social verdadeiramente prestigiosa, a de mulher casada [...] investir no visual significava aumentar as chances de sucesso no mercado matrimonial".[163] A elegância do vestuário e os cuidados com a aparência eram ainda garantia de distinção social para as mulheres da elite. Diante desses pressupostos pode-se afirmar que os novos ideais de beleza eram verdadeiros estimulantes ao consumo e ao gosto feminino pelas novidades.

A associação do feminino às novidades, em especial às produzidas pela moda, pode ser detectada na publicidade da loja, que anunciava novidades em termos de moda e estética feminina com freqüência muito superior aos mesmos produtos para homens. Além disso, com exceção de alguns acessórios, como as luvas, a maior parte dos produtos anunciados para as mulheres não se repetia nos anos seguintes, enquanto os produtos masculinos persistiam por muito tempo, sem mudar o modelo do produto ou até mesmo a apresentação iconográfica do anúncio, como é o caso dos colarinhos Bontex ou dos impermeáveis Lancaster. Tal exemplo oferece mais uma pista indicativa do fato de as mulheres serem o principal alvo da loja, podendo inclusive fazer as compras aos maridos, os quais já conheciam os produtos (pelo menos os de vestuário e acessórios) a eles reservados naquele estabelecimento.

---

[163] Mônica R. Schpun, *Beleza em jogo: cultura física e comportamento social em São Paulo dos anos 20*, cit., p. 90.

Abertura de um novo espaço para a moda e a sociabilidade feminina

Crianças e jovens também recebiam atenções da loja, que reservava a eles as primeiras tardes de "chá especial" durante a Páscoa e o Natal. Para ambos, peças de vestuário eram as principais mercadorias anunciadas, seguidas de fantasias carnavalescas e uniformes escolares e de escoteiros. Carrinhos de bebê e entretenimento para as crianças (como os chá especiais ou a Gruta Polar no Natal) mereciam também destaque na publicidade da loja. Em muitas propagandas, as crianças apareciam ao lado da mãe, e era ela a convidada a conhecer as novidades que a casa trazia a seus filhos.

Portanto, as representações da mulher nos anúncios permitem delinear com alguma clareza os principais traços da cliente que o Mappin Stores privilegiava: uma mulher de elite e de boa família, casada e com filhos, que se preocupava em cuidar de si e da casa, mas repassava a primeira tarefa às empregadas domésticas para desfrutar do tempo livre diante das vitrines, dentro das lojas, ou em alguma outra atividade de lazer, como o teatro, a ópera, os clubes esportivos, o Prado ou atividades beneficentes.

MODA E PUBLICIDADE:
MULHER DA ELITE PAULISTANA
O CENTRO DAS ATENÇÕES

Moda e gênero: da oposição à confusão

A mulher é, sem dúvida, uma luz, um olhar, um convite à felicidade, às vezes uma palavra; mas ela é sobretudo uma harmonia geral, não somente no seu porte e no movimento de seus membros, mas também nas musselinas, nas gazes, nas amplas e reverberantes nuvens de tecidos com que se envolve, que são como atributos ao pedestal da divindade [...] que poeta ousaria, na pintura do prazer causado pela aparição de uma beldade, separar a mulher de sua indumentária? Que homem na rua, no teatro, no bosque, não fruiu, da maneira mais desinteressada possível, de um vestuário imagem inseparável da beleza daquela a quem pertencia, fazendo de ambos, da mulher e do traje, um o todo indivisível?

Charles Baudelaire,
"A mulher", em *Sobre a modernidade: o pintor da vida moderna.*

A diferenciação entre os sexos pelos trajes alcançou o auge durante o século XIX, período em que não só a forma da roupa distinguia masculino e feminino, como os tecidos, as cores e as formas passaram a ser elementos importantes e muito diversos na composição dos vestuários dos diferentes sexos. Nessa época, e até a década de 1910, ocorre um movimento de separação, de afastamento e de antagonismo entre a indumentária masculina e feminina, cujo ápice pode ser situado após 1830, quando os homens começam a abandonar definitivamente sedas, cetins e brocados, que "há muito vinham empregando apenas nos acessórios, como o colete [...]. Ao terminar o século, está acomodado à monótona existência do linho e da lã".[1]

---

[1] Gilda de Mello e Souza, *O espírito das roupas: a moda no século XIX* (São Paulo: Companhia das Letras, 1987), pp. 70-71.

Moda e publicidade: mulher da elite paulistana – o centro das atenções

No início do século XIX, as roupas masculinas sofrem uma simplificação muito grande, "tendendo a cristalizar-se em uniformes";[2] o luxo e a renovação continuada da aparência dão lugar à vestimenta com caracteres estáveis, que prioriza peças práticas, sóbrias e funcionais, despojando-se de todo e qualquer enfeite ou exagero e ganhando cores escuras. As transformações ocorridas após a Revolução Francesa mudaram o foco das atenções masculinas no que diz respeito à distinção social, pois, em uma sociedade em que "um homem de talento tem os mesmos direitos que o filho de um conde, só podemos nos distinguir dos outros pelo nosso valor intrínseco".[3] O que está em jogo a partir de então não é mais se destacar pela roupa e formar com ela um todo indissociável, mas destacar-se dela! A personalidade, a inteligência, o cuidado nos gestos são o que farão a diferença entre dois homens que eventualmente venham a trajar roupas semelhantes.

Assim, as roupas masculinas começam a se destacar menos pela riqueza e variedade dos tecidos e mais pelo corte e bom caimento. A aparência masculina ganha sobriedade e funcionalidade, o que acontece por duas razões básicas: é o homem que se ocupa das tarefas fora de casa, e, nesse contexto, as roupas não devem destacá-lo como indivíduo, mas fazê-lo misturar-se, camuflar-se na multidão.

A moda feminina trilhou caminhos opostos. O século XIX inicia-se com uma moda regida pela simplicidade. As roupas femininas eram extremamente simples, o vestido conhecido como diretório lembrava uma camisola bem decotada, de cintura alta. Confeccionado em tecidos leves, o traje ficava solto no corpo. Nesse momento, os espartilhos, as anquinhas, enfim, todas as armações são dispensa-

---

[2] *Ibid.*, p. 64.

[3] C. Willett Cunnington, *The Art of English Costume* (Londres: Collins, 1948), p. 182, *apud* Gilda de Mello e Souza, *O espírito das roupas: a moda no século XIX*, cit., p. 81.

Moda e gênero: da oposição à confusão

das, para voltar com força total antes mesmo de 1820. Daí em diante, a moda feminina sofrerá uma série de variações sobre a mesma forma. Por volta de 1820, a roupa feminina já tem a forma que predominaria até o início do século XX: a de um "X" ou, mais precisamente, de dois triângulos, sendo o superior invertido, encontrando o inferior no vértice, localizado na cintura acentuada pelos espartilhos, contrastando com o "H" formado pelas roupas masculinas.[4]

A moda no século XIX, portanto, "mais do que em épocas anteriores, afastou o grupo masculino do feminino, conferindo a cada um uma forma diferente, um conjunto diverso de tecidos e cores restrito ao homem, abundante à mulher",[5] afastamento que está de pleno acordo com os papéis sexuais e a representação de gênero vigente na época. Isso pode ser confirmado, por exemplo, por meio da revisão da elaboração de gênero concebida por Jean-Jacques Rousseau, no século XVIII, acatada sem muita discussão durante todo o século XIX, na qual as relações de gênero eram pensadas, sobretudo, em termos de antagonismo. Homem e mulher eram vistos como categorias opostas e incomparáveis. "Uma mulher perfeita

---

[4]   O restante da vestimenta sofria modificações temporárias. As mangas dos vestidos, por exemplo, receberam, de início, um pequeno enchimento na altura do ombro; "por volta de 1825, a pequena manga bufante recebe outra sobreposta, geralmente de gaze transparente. Quando o tecido era opaco, a manga assumia a curiosa forma de pernil de carneiro". Mais adiante, as mangas ganharam babados. Nos vestidos de noite, eram mais curtas, confundindo-se com os decotes; nos vestidos do dia-a-dia, cresciam e ora se ajustavam aos braços, ora apareciam bufantes, largas, esbanjando tecido. As armações das saias também conheceram os mais diversos tipos de formas e rodados. Em torno de 1820, as crinolinas davam às saias a forma de colméia, ampliando-as para a frente e para os lados; em meados da década de 1860, a crinolina começou a se deslocar para trás, sendo substituída por anquinhas alguns anos depois. Inicialmente, estas armavam as saias pouca coisa abaixo da cintura, mas em meados da década de 1870 foram substituídas por "anquinhas baixas", prolongadas por caudas. Cf. James Laver, *A roupa e a moda: uma história concisa* (São Paulo: Companhia das Letras, 1989), p. 163.

[5]   Gilda de Mello e Souza, *O espírito das roupas: a moda no século XIX*, cit., p. 71.

Moda e publicidade: mulher da elite paulistana – o centro das atenções

e um homem perfeito – sentenciava o filósofo – não devem se asse-melhar nem de espírito nem de fisionomia, e a perfeição não é susce-tível, nem de mais nem de menos".[6] As roupas, ajustando-se a essas idéias, tornaram-se símbolo de antagonismo por excelência.[7] Às mulheres, cujas vestimentas, com suas ancas e os seios ressaltados, celebravam a maternidade, o espaço garantido era o da casa.

Desse modo, durante quase todo o século XIX, as formas das roupas femininas eram antagônicas às masculinas; entretanto, essa oposição não duraria muito tempo. Uma mudança notável ocorreu por volta de 1920. Os vestidos de corte reto, com saias cujo compri-mento variava entre as canelas e os joelhos, de cintura baixa pouco marcada, colocaram as duas retas inclinadas do "X" lado a lado, apro-ximando-o do "H" desenhado pelo traje masculino. Remodelaram-se, assim, a silhueta das mulheres, as relações de gênero e também os espaços de sociabilidade feminina.[8]

Uma conjunção de fatores colaborou para revolucionar a moda, como o advento dos esportes na última década do século XIX. A primeira transformação veio por volta de 1890, com a popularização das bicicletas. Como era impossível às mulheres praticar o ciclismo com saias de longas caudas, muito em uso naquela época, criou-se um "traje bifurcado", as *blommings* (calças bufantes, com elástico nos

---

[6] Jean-Jacques Rousseau, *Emílio ou da educação* (Rio de Janeiro, Bertrand, 1992), p. 424.

[7] Sobre essa questão, ler também: Heloisa Pontes, "Modas e modos: uma leitura enviesada de *O espírito das roupas*", em *Cadernos Pagu*, nº 22, Campinas, Unicamp, 2004, pp. 13-46; e "A paixão pelas formas: Gilda de Mello e Souza", em *Novos Estudos Cebrap*, vol. 74, São Paulo, Cebrap, 2006, pp. 87-105.

[8] Mary Louise Roberts aponta para a aproximação das fronteiras entre os gêneros, condi-cionada pela guerra na França, por meio das roupas e do comportamento. Ver Mary Louise Roberts, "This Civilization no Longer Has Sexes: La Garçonne and Cultural Crisis in France After World War", em *Gender & History*, 4 (1), Oxford, primavera de 1992, p. 50.

Moda e gênero: da oposição à confusão

joelhos).[9] A partir de então, temos uma sucessão de roupas que entram na moda provindas do uso esportivo, como o cardigã sem mangas (espécie de paletó de origem militar confeccionado em lã), introduzido pelo golfe, ou as saias na altura dos joelhos – criações de Jean Patou –, usadas pela primeira vez pela estrela do tênis Suzanne Lenglen, em 1921.[10] "Os esportes dignificaram o corpo natural; permitiram mostrá-lo mais tal como é, desembaraçado das armaduras e trucagens excessivas do vestuário."[11]

As danças de salão popularizadas na primeira década do século XX pedem roupas leves e maleáveis, que deixem o corpo mais livre, possibilitando a plena realização, pelas mulheres, dos movimentos exigidos pelo tango, *turkey trot*, *bunny-hug* e foxtrote, por exemplo.[12] As artes, em especial o balé, também exercem influência sobre a moda. A bailarina e coreógrafa Isadora Duncan ajuda a popularizar as "roupas menos restritivas", pois mesmo fora do palco não abria mão das túnicas gregas soltas sobre o corpo, chegando até a influenciar o estilista Paulo

---

[9] Cf. James Laver, *A roupa e a moda. Uma história concisa*, cit., p. 211.

[10] Jean Patou (1880-1936), estilista francês nascido na Normandia, começou a trabalhar em 1907. Cinco anos depois, abriu a Maison Parry, pequeno estabelecimento de costura em Paris. Criou roupas para atrizes como Constance Bennett e Louise Broks, mas seus maiores feitos foram no campo do *sportswear*. No início dos anos 1920, seu inspirado trabalho nessa área deu outra dimensão à moda. Criou coleções inteiras para a tenista Suzanne Lenglen, que as usava dentro e fora da quadras – saias pregueadas que iam até o meio das canelas e cardigãs sem mangas. A chave de sua filosofia de estilismo era a simplicidade. Promoveu a cintura natural sem excessos. Cf. Georgina O'hara, *Enciclopédia de moda: de 1840 à década de 80* (São Paulo: Companhia das Letras, 1992), pp. 205-206.

[11] Cf. Gilles Lipovetsky, *O império do efêmero: a moda e seus destinos nas sociedades modernas* (São Paulo: Companhia das Letras, 1989), p. 76.

[12] Sobre a popularização das danças de salão no início do século XX, ver Eric Hobsbawn, *História social do jazz* (Rio de Janeiro: Paz e Terra, 1990), pp. 70-75. Sobre a relação entre as novas danças e a moda, ver Susan Hannel, "The Influence of American Jazz on Fashion", em Linda Welters & Patricia Cunningham, *Twentieth-century American Fashion* (Oxford: Berg Publishers, 2005).

Moda e publicidade: mulher da elite paulistana – o centro das atenções

Poiret, que investiu na moda oriental dos quimonos, nas calças de odaliscas, nos turbantes e nas egretes, inspirado pelo visual da bailarina americana e nos figurinos criados por Bakst para o balé russo.[13]

Por outro lado, ainda no limiar do século XIX, a medicina começa a bradar contra os prejuízos causados à saúde da mulher pelo uso do espartilho. A peça comprimia fortemente o tronco e acabava ocasionando lesões na coluna, problemas respiratórios e digestivos, sendo perigosa, em especial, quando utilizada por mulheres grávidas. Os higienistas engrossavam o coro dos médicos, pois, com a difusão das práticas esportivas e do culto ao corpo e às formas saudáveis, surge a necessidade de um corpo livre de compressores e armações.[14] Os movimentos feministas que começavam a se organizar no início do século XX também colaboraram para a transformação da vestimenta da mulher; as sufragistas inglesas e feministas americanas pediam a "libertação dos espartilhos".

Além das manifestações artísticas e sociais, os progressos na técnica de confecção (como o implemento de tecidos elásticos e do zíper) foram fundamentais para a substituição do rígido espartilho, a princípio por outros mais frouxos, que, no entanto, desciam até os joelhos, travando o andar feminino. O sutiã moderno e as cintas elásticas começam a ser popularizados após 1914, liberando os movimentos femininos e proporcionando maior conforto.[15]

---

[13] Paul Poiret (1879-1944), estilista nascido em Paris, trabalhou com Doucet e Worth até abrir a própria maison em 1904. Em 1906, foi responsável por afrouxar a silhueta formal da moda e obter uma forma mais confortável, estendendo o espartilho até os quadris e reduzindo o número de roupas íntimas. Promoveu a forma do quimono no início da década de 1900, tendo Isadora Duncan como cliente. Cf. Georgina O'hara, *Enciclopédia de moda: de 1840 à década de 80*, cit., pp. 216-217.

[14] Um estudo mais detalhado sobre o tema pode ser encontrado no capítulo 4 do livro de Maria do Carmo Teixeira Rainho, *A cidade e a moda* (Brasília: Editora Universidade de Brasília, 2002).

[15] Todas essas peças estão relacionadas de maneira direta à introdução da borracha na indústria têxtil nos últimos anos do século XIX. Béatrice Fontanel afirma: "sem o tecido

Moda e género: da oposição à confusão

A Primeira Guerra Mundial impulsionaria ainda mais a simplificação dos trajes a partir de 1914, principalmente na Europa (nesse período, o principal centro produtor e criador de moda e da cultura em geral), onde havia necessidade de economia de tecidos e de funcionalidade das roupas, pois, com os homens no *front* de batalha, as mulheres precisavam assumir as tarefas masculinas.[16] A crescente inserção da mulher no mercado de trabalho nos Estados Unidos também impulsiona o gosto pelas modas mais práticas e confortáveis. A simplicidade transformou-se em moda quando a estilista Coco Chanel apropriou-se das fardas masculinas e deu-lhes corte mais delicado. Substituindo as calças pelas saias, criou o *tailleur* para o dia e o vestido de corte reto e tecidos leves para noite, evidenciando a silhueta e ressaltando a associação entre beleza e corpo.[17]

O novo padrão estético proporcionado pela moda e pelo esporte começa a valorizar o corpo em si, de modo que o cultivo deste, e, em especial, de sua beleza, começa a deixar de ser o "maior obstáculo para a salvação", para dar início a uma era em que o corpo seria cada vez mais valorizado pelas belas formas e pelo aspecto jovial.[18] A aparência feminina, agora composta de vestidos curtos e retos, demonstra uma apropriação das linhas do vestuário masculino, observável com maior clareza nos *tailleurs*. Os cabelos *à la garçonne* e a exaltação

---

elástico jamais teria sido possível inventar o sutiã". Cf. Béatrice Fontanel, *Espartilhos e sutiãs: uma história de sedução* (Rio de Janeiro: Salamandra, 1998), p. 77.

[16] Mary Louise Roberts, "This Civilization no Longer Has Sexes: La Garçonne and Cultural Crisis in France After World War", em *Gender & History*, cit., p. 53.

[17] Gabrielle Bonheur Chanel (1873-1971), estilista francesa, introduziu na alta moda feminina o uso dos cabelos curtos, das duas-peças e das bijuterias, adaptou os suéteres masculinos e, em 1920, lançou calças largas para mulheres, baseadas nas bocas-de-sino dos marinheiros, seguidas dois anos depois por pijamas para praia. Cf. Georgina O'hara, *Enciclopédia de moda: de 1840 à década de 80*, cit., p. 74.

[18] Yvonne Kniblier, "Corpos e corações", em Michelle Perrot (org.), *História das mulheres no Ocidente*, vol. 4 (Porto/São Paulo: Afrontamentos/Ebradil, 1995), p. 351.

Moda e publicidade: mulher da elite paulistana – o centro das atenções

da silhueta longilínea aproximam a aparência feminina da masculina, roubando precisão e clareza às fronteiras entre os sexos. Ocorre o que Mary Louise Roberts chama de "borrão": as linhas de contorno que colocavam homem e mulher em uma incontestável oposição começam a perder a nitidez.[19]

É clara a importância da liberdade de movimentos concedida à mulher pelos novos trajes. O cronista Barros Ferreira intitula "A caminho da libertação" o item de sua crônica no qual relata as transformações da moda que propiciam às mulheres "maior independência no traje", isto é, a troca dos espartilhos por cintas elásticas, a supressão dos canos das botinas e a introdução da arrojada casaca com "linhas algo masculinas" no guarda-roupa feminino. O mesmo texto o autor ilustra com uma foto de uma senhorita pegando o bonde em 1910: os cavalheiros (unânimes dentro do bonde) viram-se todos para a moça, que usa chapéu em forma de quebra-luz. Entretanto, ressalta o escritor, não é o chapéu que chama a "atenção geral", mas o ato de pegar o bonde desacompanhada, uma vez que ainda era o "tempo em que a mulher não devia andar sem companhia".[20] Ou seja, se a domesticidade feminina permanece intacta, ser mãe, esposa e dona-de-casa continuam sendo as principais funções da mulher – ideal pregado pela Igreja, ensinado por médicos e juristas, legitimado pelo Estado, divulgado pela imprensa e reiterado pelo Código Civil de 1916.[21]

A instalação do comércio de moda no Brasil, em conjunto com os novos ideais de feminilidade, como a valorização da juventude e o

---

[19] Mary Louise Roberts, "This Civilization no Longer Has Sexes: La Garçonne and Cultural Crisis in France After World War", em *Gender & History*, cit., p. 50.

[20] Barros Ferreira, *Meio século de São Paulo* (São Paulo: Melhoramentos, 1954), p. 49.

[21] Susan Besse, *Modernizando a desigualdade: reestruturação da ideologia de gênero no Brasil (1914-1940)* (São Paulo: Edusp, 1999), pp. 1-12.

Moda e gênero: da oposição à confusão

culto ao corpo, além da velha associação entre feminino e abasteci-mento, alimentação e cuidado com a casa, impulsiona a participação das mulheres das camadas médias e das elites no espaço público. Pois, ainda que inicialmente senhoras e moças saíssem de casa para comprar alimentos na feira ou roupas de cama no centro da cidade, essa atividade viria a se transformar de tal forma, ao longo dos anos, que em pouco tempo o caminhar pelas ruas ganharia *status* de espor-te (o pedestrianismo), estimulado e regulado por médicos e higienis-tas; as mulheres dos grupos sociais privilegiados praticariam cada vez mais esse "esporte", ocupando boa parte de seu tempo livre com o consumo (em especial, de modas) e com passeios descompromissados pelas ruas do centro da cidade.

As já citadas transformações nas formas das roupas aliadas à nova configuração da cidade, bem como ao comércio de vestuário, sinali-zam, portanto, uma mudança, uma abertura ainda que estreita, uma brecha, talvez, para o universo público/masculino, do qual este livro pretende resgatar uma pequena, mas significativa fatia, representada pelo espaço do comércio de moda, pelos lazeres associados ao con-sumo e pelas transformações da moda em si, permitindo uma reestruturação, embora modesta, na definição de feminilidade.

A moda com verniz de "modernidade"

As mulheres que deixavam de adquirir um verniz de modernidade eram submetidas ao ridículo e ao ostracismo social, enquanto as que levavam a sério as mensagens que transmitiam a possibilidade e a desejabilidade da emancipação social, econômica e sexual das mulheres ou eram encaradas como imorais ou estereotipadas como mulheres briguentas, feias e velhas. Esperava-se que as mulheres cultivassem uma aparência exterior de sofisticação moderna e ao mesmo tempo conservassem as eternas qualidades femininas de recato e simplicidade. Deveriam ser, ao mesmo tempo, símbolos de modernidade e baluartes da estabilidade contra os efeitos desestabilizadores do desenvolvimento industrial capitalista, protegendo a família das influências "corruptoras".

Susan Besse,
*Modernizando a desigualdade. Reestruturação da
ideologia de gênero no Brasil 1914-1940.*

Flapper (melindrosa), *new woman* (nova mulher), *garçonne* são alguns dos termos utilizados por diferentes autores quando se referem aos novos hábitos, comportamentos e aparências adotados pelas mulheres durante os anos 1920. Ainda que de maneira geral essas denominações remetam a imagens mais ou menos semelhantes, há diferenças importantes entre elas que devem ser observadas. Aqui, usaremos *flapper* – palavra que, por aproximação, poderia ser traduzida como melindrosa –, palavra que, segundo Anne-Marie Sohn, era utilizada na Inglaterra dos "anos-loucos" para definir "a mulher emancipada [...] adepta dos *dancings* e das

Moda e publicidade: mulher da elite paulistana – o centro das atenções

saias curtas".[22] Definições similares são encontradas em alguns dicionários de língua inglesa, como o *Oxford*, para o qual o termo significa "jovem mulher supermoderna, originalmente nos anos 1920", e o Webster New Explores, que atribui a *flapper*, entre outras significações, a de "jovem mulher dos anos 1920 que demonstra liberdade em relação às convenções e condutas".[23] O termo parece ser mais adequado, sobretudo porque não faz referência a lutas políticas ou sociais, como acontece com *new woman*,[24]

---

[22] Definição de Anne-Marie Sohn, autora do estudo "La garçonne face à la opnion publique" e do artigo "Entre-guerras", o qual faz distinção entre *flapper* e *garçonne*. Além dos estudos específicos sobre os "tipos femininos", consultamos diversos dicionários das línguas inglesa e francesa para buscar a origem das palavras e as definições dos termos. Cf. Anne-Marie Sohn, "La garçonne face à la opnion publique: type littéraire ou type social des années 20", em *Le Mouvement Social*, jul.-set. de 1972; e "Entre-guerras", em Françoise Thébaud (org.) *História das mulheres no Ocidente*, vol. 5 (Porto/São Paulo: Afrontamentos/Ebradil, 1995).

[23] Cf. Jonathan Crowther, *Oxford Advanced Learner's Dictionary* (Oxford: Oxford University Press, 1995); e *Webster's New Explorers Dictionary and Thesaurus* (Massachusetts: Federal Street Press, 1999). No *Webster's Third New International Dictionary of the English Language Unabridged* (Chicago: Encyclopaedia Britannica, 1976), edição mais completa do dicionário, encontramos ainda os seguintes significados para a palavra: "2. jovem mulher: a – *arcaico*: jovem mulher imoral ou dissoluta; b – *principalmente brit.*: jovem mulher ainda não apresentada à sociedade; c – jovem mulher que manifesta liberdade ostensivamente, em especial durante o período da Primeira Guerra Mundial e nas décadas seguintes; d – *brit.*: mulher entre 21 e 30 anos de idade – usado durante o período em que o voto não era permitido à mulher com menos de 30 anos, na Inglaterra". Também encontramos referência à palavra *flapper* em algumas edições mais antigas dos dicionários inglês/português, como *Michaellis dicionário ilustrado inglês-português*, vol. 1 (São Paulo: Melhoramentos, 1961), que traz as seguintes traduções para o termo: "1 – aquele que açoita ou bate; 2 – garota petulante", e na edição de 1982 de Antônio Houaiss (org.), *Dicionário inglês-português* (Rio de Janeiro: Record, 1982), para o qual uma das traduções possíveis para *flapper* seria: melindrosa e/ou moça petulante, de maneiras exageradas.

[24] No início do século XX, a expressão empregada nos Estados Unidos passa a designar mulheres das classes médias que começavam a trabalhar fora de casa, em "empregos qualificados e muitas vezes de colarinho-branco"; a adotar alguns métodos contraceptivos, como a temperatura basal e as tabelinhas, e conseqüentemente a vivenciar e a assumir sua sexualidade, exigindo melhoria nas relações conjugais. Nancy Cott, "A mulher moderna", em Françoise Thébaud (org.), *História das mulheres no Ocidente*, cit., p. 101.

A moda com verniz de "modernidade"

ou a comportamentos sexuais e sociais extremamente liberais, como os relacionados a *garçonne*.[25]

No Brasil da década de 1920, as transformações mais visíveis e populares no que diz respeito à feminilidade estão antes relacionadas à moda dos cabelos curtos, à maquiagem acentuada, às saias na altura dos joelhos e aos modismos – novas danças e hábito de fumar em público, tomar sol na praia fazendo uso de maiôs "mínimos" ou falar gíria – do que à adoção de práticas sexuais liberais, à luta pelo voto, à igualdade de direitos ou às grandes esperanças em relação ao regime socialista que tomava conta da Rússia. Os novos hábitos e modas, somados à renovação do padrão de beleza que passa a valorizar a juventude e as formas esguias e geométricas, alteram de maneira radical o visual feminino, e muitos críticos da época passam a se preo-

---

[25] De origem francesa, a palavra *garçonne*, inicialmente empregada como feminino de *garçon* (garoto), ganha novos significados. A partir da publicação de *La garçonne*, romance de Victor Margueritte que na época alcançou enorme repercussão, a palavra ganhou significado mais complexo, pois se associou, desde então, a comportamentos femininos mais liberais, como aqueles adotados pela personagem principal do livro, Monique Lerbier, jovem de aparência arrojada e família abastada que visava "conquistar a sua independência financeira fazendo carreira e impele a liberdade sexual e moral até a bissexualidade, antes de fundar, com o seu 'companheiro', uma união estável e igualitária. O seu comportamento masculino – pensa e age como um homem –, as qualidades viris que revela – talento, lógica –, o domínio do dinheiro à maneira dos homens, a consciência da sua irredutível individualidade – pertenço só a mim própria – encarnam-se num atributo físico simbólico: os cabelos curtos. Nestas condições, a mulher emancipada já não é mais mulher, é uma *garçonne*". O romance cristaliza em um arquétipo um comportamento relacionado aos "anos loucos, em que a alegria de viver redescoberta ao sair das trincheiras, se alia ao fascínio por uma Revolução Russa" e "prenhe de todas as emancipações sonhadas". Mesmo condenada pela Igreja Católica, a obra vendeu vinte mil cópias nos quatro primeiros dias que se seguiram ao seu lançamento em julho de 1922, e, ao final do ano, o total das vendas somava mais de trinta mil cópias. Cf. Anne-Marie Sohn, "La garçonne face à la opnion publique: type littéraire ou type social des années 20", em *Le Mouvement Social*, cit., p. 116; e Mary Louise Roberts, "This Civilization no Longer Has Sexes: La Garçonne and Cultural Crisis in France After World War", em *Gender & History*, cit., pp. 50, 55.

Moda e publicidade: mulher da elite paulistana – o centro das atenções

cupar com uma suposta tendência à "unissexualidade".[26] Susan Besse observa nessa postura feminina uma espécie de rebeldia da nova geração. A mulher que adotou esse novo comportamento foi chamada por Sueann Caulfield de *modern woman*, ou seja, "*flapper-racy*, namoradeira, rebelde e andrógina".[27]

Marina Maluf e Maria Lúcia Mott associam à "nova mulher" brasileira, e, em especial, àquelas pertencentes às camadas médias e altas que habitavam as cidades metropolitanas, características referentes à reclamação por direitos iguais na formação de ambos os sexos, à luta contra o confinamento ao lar e às tarefas domésticas. Destacam o novo hábito de sair sozinha de casa para abastecer a família ou "para tudo o que se fizesse necessário", incluídas aí as chamadas "frivolidades mundanas", como freqüentar chás, tangos, visitas e passeios pela cidade.[28] Sem prejuízo disso, deveriam saber conservar um "ar modesto e uma atitude séria que a todos imponha o devido respeito". E ainda: "que a mulher sensata, principalmente se fosse casada, evitasse 'sair à rua' com um homem que não seja o seu filho, o seu pai, o seu irmão ou o seu marido".[29]

---

[26] Termo utilizado por Susan Besse, *Modernizando a desigualdade: reestruturação da ideologia de gênero no Brasil (1914-1940)*, cit., p. 33.

[27] "Em 1920, o termo 'mulher moderna' referia-se não somente às trabalhadoras, mas às mulheres petulantes, agitadas, namoradeiras, voluntariosas e andróginas". Cf. Sueann Caulfield, *Em defesa da honra: moralidade, modernidade e nação no Rio de Janeiro (1918-1940)* (Campinas: Unicamp/Centro de Pesquisa em História Social da Cultura, 2000), p. 162.

[28] Cf. Maria Lúcia Mott & Marina Maluf, "Recônditos do mundo feminino", em Nicolau Sevcenko (org.), *História da vida privada no Brasil*, vol. 3 (São Paulo: Companhia das Letras, 1998), pp. 368-372.

[29] Susan Besse destaca em seu estudo novidades em relação à implementação de novas posturas por parte das mulheres das camadas médias e altas urbanas, relacionadas à maternidade, ao casamento e à educação dos filhos, as quais, entretanto, não bastam para associar essa mulher à *garçonne* ou à *new woman*. Cf. Susan Besse, *Modernizando a desigualdade: reestruturação da ideologia de gênero no Brasil (1914-1940)*, capítulos 2, 3 e 4, cit.

A moda com verniz de "modernidade"

Tais observações evidenciam que, no caso brasileiro, o movimento da nova feminilidade se achava muito mais direcionado à moda e aos costumes cotidianos do que à liberação sexual ou às preocupações político-trabalhistas, evidenciando, no que diz respeito às mulheres das camadas médias e altas, residentes em nossas grandes cidades, uma afinidade antes com a *flapper* – que aqui convencionaremos chamar de melindrosa – do que com a *garçonne* ou a "nova mulher".[30]

Também aqui se faz sentir o surgimento de um novo contexto, em que os homens são, de certo modo, "feminilizados" pela moda, enquanto as mulheres tendem a exibir um pouco de agitação e ansiedade na tentativa de se ajustar aos novos padrões na medida certa.[31] A crônica "O senhor ou a senhora? – cenas da vida moderna", publicada na edição de dezembro de 1925 da *Revista Feminina*, deixa transparecer essa "confusão" ocasionada pelos novos hábitos. O pequeno texto satiriza e relata as dificuldades enfrentadas pelo empregado de um casal "à moda" para distinguir os patrões. Depois de ver "a senhora" fumando, lendo o jornal e fazendo comentários sobre esportes, e o "senhor" de cabelos compridos e trajando pijama tal qual a "senhora", ele não sabe mais se está dando bom-dia ao "senhor ou à senhora".

> O senhor usa melena e a senhora também. Ele porque deixou o cabelo crescer demasiado, ela por usar um penteado *à la garçonne*. Ele fuma e ela também.

---

[30] Em português, a expressão que melhor definiria esse grupo é melindrosa, palavra que, segundo o *Dicionário Houaiss da língua portuguesa*, data do início do século XX e, além de denominar a "mulher que se melindra facilmente", define também a mulher que, "nos anos 20, se distinguia por estar sempre no rigor da moda e possuir maneiras tão gráceis quanto afetadas", bem como aquelas que se vestiam com "o traje característico dessa mulher, de cintura baixa e longas franjas". Cf. *Dicionário Houaiss da língua portuguesa*, disponível em http://www.uol.com.br/houaiss, acessado em 16-11-2005.

[31] Susan Besse, *Modernizando a desigualdade: reestruturação da ideologia de gênero no Brasil (1914-1940)*, cit., pp. 31-33.

Moda e publicidade: mulher da elite paulistana – o centro das atenções

Quando pela manhã, ambos de pijama e cigarro nos lábios, se dirigem para a sala de jantar, o primeiro criado que lhes surge à frente vê-se na necessidade de perguntar:

– É à senhora ou ao senhor a quem tenho a honra de dar os bons-dias?

– Sou eu. [...]

O senhor é magro e esbelto, a mulher também, e em uma sala em que não haja muita luz é facílimo confundi-los. É um casal à moda, e notamos a diferença entre eles apenas quando se vestem para sair à rua, e cada qual enverga os trajes próprios do seu sexo.

A senhora vive rodeada de amigos, tão originais quanto ela, e a palestra costuma girar sobre coisas de esporte.

– Foi uma partida interessante. Aquela pegada do *goal-keeper* assombrou-me.

– Não digas, querida. Se não fosse o juiz com a mania dos *off-sides*... – E assim por diante.[32]

Se é importante observar esse borrar de fronteiras decorrente de transformações econômicas e sociais impulsionadas pela Primeira Guerra Mundial e explicitadas pelos novos trajes, é necessário notar que a moda, naquele momento, sugere uma aproximação com o masculino, que na prática demoraria a ocorrer. Embora as mulheres fizessem uso de cabelos curtíssimos, de pijamas, e tivessem adotado hábitos até então associados à masculinidade (como fumar em público e praticar esportes), senhoritas que levavam uma vida como a *garçonne* de Victor Margueritte eram raras exceções.[33]

---

[32] "O senhor ou a senhora?", em *Revista Feminina*, São Paulo, dezembro de 1925.

[33] Na visão de Mary Louise Roberts, a personagem Monique Lerbier, a *garçonne* do romance homônimo de Victor Margueritte, seria a mais vívida expressão da "mulher moderna do

A moda com verniz de "modernidade"

Figura 1: Pijamas, cigarros e silhueta esguia compartilhados por homens e mulheres. Aproximação da aparência feminina com a masculina.

O conflito ocasionado pela adoção dos novos hábitos e das roupas femininas já pode ser sentido em um texto publicado na mesma revista, em agosto de 1920 ("O protocolo do beija-mão"), no qual o cronista José Cesário questiona a retomada do hábito de beijar as mãos das mulheres, em pleno "depois da guerra", em uma época em que a mulher, "ansiando por tornar-se igual ao homem, menos merecedora se vai tornando de suas homenagens".[34] O que o texto evi-

---

pós-guerra". Cf. Mary Louise Roberts, "This Civilization no Longer Has Sexes: La Garçonne and Cultural Crisis in France After World War", em *Gender & History*, cit., pp. 50, 55.

[34] "O protocolo do beija-mão", em *Revista Feminina*, VII (75), São Paulo, agosto de 1920.

dencia é a convivência entre novas maneiras e a aparência feminina com o velho resguardo do pudor e do pedestal do respeito em relação às mulheres.[35]

Figura 2a: Pose singela e feições angelicais: imagem feminina nos anúncios dos coletes Rejane, na década de 1910.

Figura 2b: Em 1928, atrevimento e sensualidade dão o tom ao anúncio das cintas da mesma marca. A comparação dos anúncios traduz em imagens a rápida mudança nos ideais de feminilidade no período.

---

[35] Alguns autores detectaram que por esses tempos algumas mulheres chegaram até a usar achatadores de seios para se assemelhar ainda mais aos homens. Béatrice Fontanel relata

A moda com verniz de "modernidade"

No mesmo período, o padrão de beleza se transforma: matronas corpulentas e mocinhas frágeis deveriam ceder lugar a uma mulher enérgica, vigorosa, delgada, ágil, de aparência jovem e saudável.[36] O discurso dos higienistas seria um dos grandes responsáveis pela propagação do novo modelo: "A juventude é então objeto privilegiado da preocupação desses discursos, que associam as novas gerações ao futuro do país, enquanto as outras faixas etárias pertencem ao seu passado".[37]

Alguns autores aventam ainda consonância do novo padrão de beleza com a arte moderna e a arquitetura das grandes cidades. Para Gilles Lipovetsky:

---

em *Espartilhos e sutiãs: uma história de sedução* a utilização de achatadores de peitos por algumas da "liberadas jovens dos anos 20", o que, segundo a autora, "estava de acordo com os novos ideais de feminilidade em vigência na Europa do entreguerras. A principal função da moda, pela primeira vez, desde a Idade Média, não estava em acentuar as diferenças entre o masculino e o feminino, mas sim em afirmar o novo ideal de feminilidade através dos cabelos curtos, do hábito de fumar, do uso de calças compridas, de trajes decotados e de achatadores de seios ('corpinhos que achatam os seios, um pouco à maneira das romanas. Essas roupas de baixo feitas de um único pedaço de pano, com duas pinçazinhas amarradas nas costas')". Entretanto, a própria autora ressalta que é preciso relativizar a popularidade dos achatadores, uma vez que na "*Illustration* da época encontram-se uma série de anúncios publicitários de tratamentos que garantem um busto magnífico". Nos mais de dois mil anúncios do Mappin Stores analisados, não foi encontrada nenhuma propaganda desse tipo de produto. O mesmo vale para as páginas de anúncios da *Revista Feminina*, na qual, com alguma freqüência, se viam anúncios da Pasta Russa, que prometia seios firmes e bonitos. Cf. Béatrice Fontanel, *Espartilhos e sutiãs: uma história de sedução*, cit., p. 100.

[36] Mônica Schpun, *Beleza em jogo: cultura física e comportamento social em São Paulo nos anos 20* (São Paulo: Editora Senac São Paulo/Boitempo, 1999), ressalta que "o modelo de beleza obedece a certo número de determinações sociais e históricas, que nos permitem ao menos desenhar seus contornos e aprender suas implicações". Sobre o tema, ver também Denise Sant'anna, "Cuidados de si e embelezamento feminino: fragmentos para uma história do corpo no Brasil", em Denise Bernuzzi Sant'anna (org.), *Políticas do corpo* (São Paulo: Estação Liberdade, 1995), pp. 121-140.

[37] Mônica Schpun, *Beleza em jogo: cultura física e comportamento social em São Paulo nos anos 20*, cit., p. 100.

Moda e publicidade: mulher da elite paulistana – o centro das atenções

[A silhueta feminina dos] anos 1920, reta e lisa, está em consonância direta com o espaço pictórico cubista feito de panos nítidos e angulares, de linhas verticais e horizontais, de cores uniformes e de contornos geométricos; faz eco ao universo tubular de Léger, ao despojamento estilístico empreendido por Picasso, Braque, Matisse, depois de Manet e Cézanne.[38]

Susan Besse, por sua vez, ressalta que o "novo século valorizava a energia, a força, a delgadez, a agilidade" e, para reforçar seu argumento, cita Peregrino Júnior: "Na idade do arranha-céu, [...] a beleza da mulher é fina, longa e perpendicular. [...] A elegância da mulher, como do cimento armado, não precisa ser pesada e bojuda para ser sólida".[39] Essas imagens, propagadas de forma ampla pela moda e por sua publicidade, comercializavam um ideal completamente imbuído de novidade. A mulher, ainda que devesse conservar o recato e a honra relativos à sua condição de mãe-esposa e dona-de-casa, apresentava destacada camada de "verniz de modernidade", graças às novas modas e hábitos. É exatamente essa imagem feminina conflituosa que o Mappin Stores comercializa. Nesse ponto, a loja está em perfeito acordo com o principal periódico dedicado ao público feminino editado em São Paulo, a *Revista Feminina*, na qual o ideal de conservação da família e da moral pregadas pela maior parte das seções é "envernizado" pela moda ousada e extravagante recomendada pela cronista Marinette.[40]

---

[38] Gilles Lipovetsky, *O império do efêmero: a moda e seus destinos nas sociedades modernas*, cit., p. 78. Sobre o mesmo tema, ver também Anne Hollander, *O sexo e as roupas: a evolução do traje moderno* (Rio de Janeiro: Rocco, 1996), p. 179.

[39] Peregrino Júnior, "A mulher, o *sport* e a moda", em *O Cruzeiro*, 1 (43), Rio de Janeiro, 31-8-1929, p. 70. *Apud* Susan Besse, *Modernizando a desigualdade: reestruturação da ideologia de gênero no Brasil (1914-1940)*, cit., p. 32.

[40] Sobre o contraste entre a cronista e o restante do conteúdo da *Revista Feminina*, ver o capítulo "*Revista Feminina*".

A moda com verniz de "modernidade"

Figura 3: A mulher "arranha-céu" ilustrando o anúncio de 1929.

Acompanhando a evolução dos traços e formas da mulher presente nos anúncios do Mappin Stores, podemos perceber como essa representação foi ganhando "nova embalagem ao longo dos anos".[41] Durante a década de 1910, a imagem que predomina nas propagandas da loja

---

[41] A respeito das representações das formas femininas, Mônica Schpun faz a seguinte ressalva: "Em geral as ilustrações publicadas pela *Revista Feminina* são copiadas de publicações estrangeiras. O estilo é bem marcado. Nessas figuras, a silhueta fina e reta é dominante, tendência que se acentua no final da década. N'*A Cigarra*, muitas charges são realizadas por cartunistas nacionais [...] A comparação mostra que a silhueta reta, européia, não corresponde completamente ao imaginário local. Certos desenhistas representam mulheres com formas menos marcadas, mais retas; outros bastante numerosos sublinham muitos contornos arredondados do corpo". Entretanto, é preciso levar em conta que as charges têm características muito

Moda e publicidade: mulher da elite paulistana – o centro das atenções

é a de uma mulher que apresenta traços angelicais, jeito de menina bem-comportada e corpo de formas arredondadas, porém discretas. Na década de 1920, essa imagem vai se transformando. Em meados de 1924, a mulher que ilustra as peças publicitárias ganha ares sensuais, cabelos curtos e formas esguias. Esse visual seria acentuado ao longo da década, atingindo seu auge em 1929. O que essa transformação na representação da imagem feminina indica é a preocupação da loja em se mostrar atualizada não somente no estoque de roupas e mercadorias, mas também em relação aos novos padrões de feminilidade. Isso provavelmente porque, em termos dos efeitos pretendidos na época com a veiculação publicitária, apresentar essa nova imagem da mulher era tão importante quanto anunciar a chegada das últimas novidades de Paris.

Em outras palavras, mais do que as novas cores ou cortes empregados em uma peça de roupa, o que pesa no que diz respeito à publicidade é a comercialização da uma nova imagem para as mulheres. Fazendo referência a esse processo, Jean Baudrillard observa: "No fundo, a imagem e sua leitura não são de modo algum o caminho mais curto para um objeto, mas sim para uma outra imagem", ou seja, o que a publicidade do Mappin Stores vende é mais uma nova imagem feminina que um vestido ou um chapéu.[42] Essa questão é reforçada pela seguinte observação de Sueann Caulfield:

---

distintas do desenho publicitário, pois este tem por objetivo vender um produto e uma imagem positiva relacionada a ele, enquanto a charge é um "cartum cujo objetivo é a crítica humorística imediata de um fato ou acontecimento específico [...] Uma boa charge deve procurar um assunto momentoso [...] e buscar ir direto aonde estão centrados a atenção e o interesse do público leitor. A charge usa sempre os elementos da *caricatura* [...]". Caricatura, por sua vez, é entendida como "a representação da fisionomia humana com características grotescas, cômicas ou humorísticas". Cf. Mônica Schpun, *Beleza em jogo: cultura física e comportamento social em São Paulo nos anos 20*, cit., p. 111; e Carlos Alberto Rabaça & Gustavo Barbosa, *Dicionário de comunicação* (Rio de Janeiro: Editora Codecri, 1978), pp. 75, 89-90.

[42] Jean Baudrillard, "Significação da publicidade", em Luiz Costa Lima (org.), *Teoria da comunicação de massa* (Rio de Janeiro: Paz e Terra, 1990), p. 277.

A moda com verniz de "modernidade"

> [...] muitas mulheres das classes média e alta estavam menos interessadas em organizações feministas ou em políticas radicais que em garantir sua própria subsistência ou seguir os costumes e comportamentos da mulher moderna que elas viam nos filmes e nos anúncios europeus e norte-americanos.[43]

Ao associar a loja às mulheres, de preferência por intermédio da melindrosa, o Mappin Stores está delineando, de modo subliminar, o tipo de público que almeja atingir tanto quanto a imagem que a loja pretende passar de si mesma: uma casa comercial de vanguarda, um refinado centro de novidades voltado às mulheres das classes mais abastadas.

Assim, a propaganda de moda do Mappin Stores traz consigo uma representação da imagem feminina, cuja escolha está associada de forma direta à construção, pelo estabelecimento, de um 'grupo de referência".[44] Não são apenas a roupa ou os acessórios apresentados nas peças publicitárias que fornecem dados acerca do público-alvo da loja. Estes se acham presentes também na representação de elementos como "cabelos, tom de pele, tipo físico" exibidos em sua propaganda. Na propaganda de moda,

> [...] o conjunto dos detalhes físicos – cabelos, olhos, boca, tom de pele, postura do corpo, etc. – precisa expressar exatamente aquilo que é: uma clara noção de um conjunto para a composição de uma dada identidade. São, portanto, modelos de composição de uma identidade.[45]

---

[43] Sueann Caulfield, *Em defesa da honra: moralidade, modernidade e nação no Rio de Janeiro (1918-1940)*, cit., p. 139.

[44] Alexandre Bérgamo Idargo, *A experiência do status*, dissertação de mestrado (São Paulo: FFLCH – USP, 2000), p. 58.

[45] *Ibidem.*

Moda e publicidade: mulher da elite paulistana – o centro das atenções

No que diz respeito às mulheres representadas nos anúncios do Mappin Stores, é possível afirmar que elas se encaixam em certo padrão, pois aparecem, em sua maioria, com os cabelos curtos, são brancas e esbeltas. Essa imagem – uma referência que se pode ver como feita à chamada melindrosa – traduz a opção mercadológica do estabelecimento. Ele existe para atender a um grupo social privilegiado, em que as mulheres – a exemplo das representadas em seu material propagandístico – são todas brancas, de aparência jovem e saudável.[46]

A imagem feminina apresentada nas propagandas do Mappin Stores é semelhante àquelas que ilustram os anúncios das outras grandes casas de moda da cidade e publicados em revistas direcionadas ao público feminino (*Revista Feminina, A Cigarra, Fon-Fon,* entre outras), como a Casa Allemã ou o Empório Toscano.[47] A principal diferença entre os anúncios de uma e outra reside no conteúdo. Na propaganda do Mappin Stores, o texto tem papel de destaque, pois não se restringe a anunciar as novidades e seus preços. Com freqüência, traz dicas sobre moda e a maneira correta e elegante de usar essa ou aquela peça, além de convidar as mulheres a conhecer suas novas vitrines e tomar um chá no salão da loja no final da tarde. Em alguns anúncios, texto e imagem dividem espaço, cada um ocupando 50% deste. No material publicitário dos outros "grandes anunciantes de moda feminina", as imagens ocupam espaço maior, e os textos costumam ser mais sucintos e diretos.[48]

---

[46] Talvez esse era um modelo que fazia referência a uma elite tradicional, composta por mulheres brancas; entretanto, não necessariamente, como já dito antes, essas mulheres eram todas pertencentes à elite citada, funcionando como aquilo que Alexandre Bérgamo Idargo chamou de grupo de referência, ou seja, aquele com o qual uma marca e/ou produto pretende se associar.

[47] Não foram encontradas referências a essa loja nas memórias consultadas. Os únicos dados que temos a respeito do anunciante são que publicou anúncios todos os meses, entre 1923 e 1926, e que se localizava na rua General Osório, nos 87-89.

[48] Nesse contexto, grandes anunciantes de moda são aqueles que anunciam mensalmente na revista, ocupando o espaço de uma página por período superior a três anos.

A moda com verniz de "modernidade"

Se nos anúncios diários do Mappin Stores é possível notar a preocupação em associar a loja à imagem da melindrosa, nos catálogos gerais essa associação se faz ainda mais clara e presente.[49] Os catálogos são uma espécie de vitrine ambulante, uma maneira de mostrar o produto aos clientes, induzindo-os às compras. Como a vitrine, o catálogo pressupõe uma organização interessada, uma apresentação das mercadorias de modo a estimular o consumo, uma demonstração visual não só dos produtos que a loja pretende vender, mas também do estilo e das atribuições que as mercadorias ali comercializadas carregam consigo. Essas peças publicitárias têm ainda o objetivo de expandir mais as vendas. Além de distribuídas na loja, são enviadas aos clientes do interior do estado, para proporcionar a realização de compras por telefone e pelo correio. As imagens ali estampadas, bem como a ordem de apresentação destas no interior desses mostruários portáteis, obedecem a uma lógica muito peculiar. Visam não só exibir o produto à clientela como também associar a este e a seu próprio nome uma identidade de consumo.

As capas dos catálogos merecem atenção especial, pois funcionam como embalagem aos produtos que a loja pretende vender. Por definição, a capa é o

> [...] primeiro contato visual do consumidor com o produto, sendo por isso utilizada promocionalmente para atrair a atenção sobre o produto, informando sobre seu conteúdo [...]. A capa assume, inclusive, função de *display*, ou seja, de cartazes,

---

[49] Além dos catálogos gerais a loja publicava também catálogos temáticos, como, por exemplo, de roupas masculinas, roupas brancas e liquidação. Todos os tipos de catálogos eram distribuídos gratuitamente na loja e enviados aos clientes do interior, para possibilitar a venda por telefone e por correio.

Moda e publicidade: mulher da elite paulistana – o centro das atenções

por si mesma, e tem todos os compromissos inerentes a essas peças promocionais.[50]

Desde 1917, quando é lançado o primeiro catálogo geral do Mappin Stores, as mulheres aparecem retratadas em suas capas. Na edição de 1919, são apresentadas duas mulheres passeando pela paisagem bucólica da cidade, em companhia de cãezinhos presos por coleiras. Ao fundo, é possível ver algumas árvores em um cenário diurno. No decorrer da década de 1920, essas imagens vão se transformando. Em 1923, uma mulher aparece de braços abertos sobre a cidade, em cuja paisagem o prédio da loja se destaca. A primeira idéia que se produz na mente de quem a contempla é a de que a mulher é a "rainha da cidade" e tem no Mappin Stores seu palácio. No ano seguinte, as imagens e as cores empregadas, as feições das mulheres e os cenários começam a ficar mais arrojados. As mulheres que ilustram as capas aparecem sempre maquiadas, de cabelos curtos e envoltas em roupas extravagantes, que conferem a elas ares sensuais.

Duas capas chamam a atenção. A do catálogo de 1925, na qual em primeiro plano aparece a imagem da melindrosa de cabelos curtos, lábios vermelhos e olhar sensual. Ao fundo, o imponente prédio do Mappin Stores se destaca em meio à paisagem noturna da cidade de São Paulo. Diante da loja, é possível observar alguns automóveis estacionados e transeuntes vislumbrando as vitrines iluminadas. A outra capa é a de 1927, na qual a mulher aparece ainda mais arrojada e glamourosa, de cabelos curtíssimos, maquiagem forte e sapatos de saltos. Ostenta um elegante traje de *soirée* e aparece diante de um automóvel Ford, em um cenário noturno. Nos anos 1930, as mulhe-

---

[50] Cf. Fernando Almanda, verbete *capa*, em Carlos Alberto Rabaça & Gustavo Barbosa, *Dicionário de comunicação*, cit.

A moda com verniz de "modernidade"

Figura 4: Bucolismo: árvores e animais servem de cenário para a capa do catálogo do Mappin Stores de 1919.

Figura 5: Na capa do catálogo de 1923, a figura feminina permanece, mas o cenário bucólico é substituído pela cidade.

res continuariam a ocupar as capas dos catálogos gerais até 1939, quando a loja muda mais uma vez de prédio e se populariza.[51] Em razão disso, as mulheres elegantes das capas são substituídas por uma imagem totalmente diversa, em que uma infinidade de eletrodomésticos contornam o novo prédio.

Figura 6: Em primeiro plano, a melindrosa e seus cabelos curtos, olhar *blasé*, batom vermelho. Ao fundo, as vitrines da loja iluminam a noite paulistana (catálogo geral, 1925).

A presença constante do automóvel na propaganda do Mappin acentua o ar de "modernidade" que a loja pretende associar à sua imagem. "Moderno" aqui tem duas conotações, ambas extraídas do estudo de Marcia Padilha Lotito sobre publicidade e vida urbana na São Paulo dos anos 1920. A primeira é relativa à "era do maquinismo e da tecnologia capazes de proporcionar novas experiências sensoriais e

---

[51] Sobre a popularização da loja no decorrer dos anos 1930, ver Zuleika Alvim & Solange Peirão, *Mappin 70 anos* (São Paulo: Ex Libris, 1985), cit., pp. 88-119.

A moda com verniz de "modernidade"

Figura 7: Magra, alta e de cabelos curtíssimos, ao lado do automóvel. É o triunfo da melindrosa (catálogo geral, 1927).

Figura 8: Em 1939, as capas dos catálogos deixam de trazer estampas de mulheres elegantemente vestidas. No lugar destas, os eletrodomésticos surgem como adorno para o novo prédio da loja, na praça Ramos de Azevedo.

perceptivas, como, por exemplo, aquelas atreladas à conquista da velocidade". A segunda apresenta

> [...] a modernidade como um estilo de vida que legitimaria o *status* cosmopolita e metropolitano almejado pelas elites afortunadas e teatralizado com a obrigatória familiaridade com os mais requintados hábitos de consumo e de lazer das grandes metrópoles da Europa e dos Estados Unidos.[52]

É da mesma autora o seguinte comentário:

> Para uma elite todo-poderosa e cheia de oportunidades de enriquecimento, os automóveis parecem ter mobilizado tudo o que de melhor a fortuna e o prestígio social podiam proporcionar e, longe de serem simples diversão para os nossos *enfants terribles*, tornaram-se também um dos principais símbolos de *status* e de estilos sofisticados de vida, muitas vezes resumidos no uso do termo moderno.[53]

Ao associar com freqüência sua imagem aos automóveis, a loja de departamentos integrava-se, assim, ainda mais à paisagem moderna e luxuosa que tanto encantava as elites paulistanas.

O Mappin Stores publicava catálogos gerais anualmente, e nesse meio-tempo distribuía outros catálogos mais específicos, como os de Liquidação, Natal, Utensílios Domésticos, Decoração, *Lingerie* e Roupas Brancas (que recebia o subtítulo "O livro da elegância e da

---

[52] Marcia Padilha Lotito, *A cidade como espetáculo: a moda e seus destinos nas sociedades modernas* (São Paulo: FFLCH – USP, 1997), p. 113.

[53] *Ibid.*, p. 126.

A moda com verniz de "modernidade"

beleza"), e até uma edição de "Artigos para homens", lançada em 1917; estes, porém, não obedeciam a nenhuma periodicidade. Os catálogos gerais são os que mais nos interessam aqui. Possuíam aproximadamente setenta páginas de produtos do próprio Mappin Stores e mais dez páginas, em média, de outros anunciantes (como, por exemplo, bancos), e procuravam apresentar todos os tipos de produtos vendidos pela loja, da qual buscavam ser um resumo impresso. Sua organização acentua a preocupação da loja de departamentos em manter a imagem de casa de modas. As roupas femininas para noite ocupavam as primeiras páginas, e os utensílios domésticos ficavam relegados às últimas. A ordem de apresentação das mercadorias nos catálogos propicia melhor percepção da imagem que a loja procurava vender com as mercadorias.

Tomemos como exemplo o catálogo de 1927, no qual das noventa páginas de anúncios as vinte primeiras são dedicadas a apresentar os mais diversos produtos de vestuário feminino.[54] Em seguida, aparecem roupas para crianças, jovens e bebês e os artigos de perfumaria, higiene, beleza e tecidos. As mercadorias reservadas exclusivamente aos homens aparecem somente na página 50, ainda assim muitas páginas antes dos utensílios domésticos, aos quais fica reservado o espaço das últimas páginas do catálogo.[55] Essa organização indica a íntima associação da loja à moda feminina, em especial às

---

[54] Os catálogos gerais de todos os anos seguem basicamente a mesma organização. Escolhemos o de 1927 porque era um dos únicos que estava completo no acervo do Mappin e trazia páginas numeradas.

[55] Segundo Marina Maluf e Maria Lúcia Mott, a maior parte dos utensílios domésticos era utilizada pelas donas-de-casa, muito mais como sinal de prestígio da família e bom gosto. Os fogões a gás, por exemplo, permaneceram "encostados" na maior parte das casas até meados de 1950, quando, por fim, os fogões a lenha ou a carvão e as espiriteiras foram aposentados. Cf. Marina Maluf & Maria Lúcia Mott, "Recônditos do mundo feminino", em Nicolau Sevcenko (org.), *História da vida privada no Brasil*, cit., p. 402.

Moda e publicidade: mulher da elite paulistana – o centro das atenções

roupas sociais femininas, que ocupam, de forma invariável, as capas e as primeiras páginas.

Esse modo de apresentação dos anúncios era uma forma amena de mostrar (refazer, reorganizar – acrescento eu), por meio da publicidade, "o estatuto doméstico tradicional das mulheres, e os serviços heterossexuais passavam a ser definidos – até agressivamente comercializados – em termos de escolha". Os anúncios estavam orientados para convencer de que o ato de comprar constituía "um campo de escolha de controle, no qual as mulheres podiam exercer a sua racionalidade e manifestar seus valores pessoais".[56] Nesses anúncios, temos uma nova forma de discurso, uma reformulação do conceito de feminilidade; a mulher-mãe também ganha *status* de consumidora, melindrosa e sociável.

Analisando de maneira isolada as peças publicitárias do Mappin Stores, a primeira impressão é de que se trata de anúncios apenas para moças melindrosas. A contagem e a observação mais cuidadosa dessas peças permite concluir que, apesar do verniz de modernidade, a cliente que a loja visava alcançar era aquela que se encaixava no modelo mãe-esposa e dona-de-casa. O mesmo acontecia com a *Revista Feminina*: ainda que trouxesse moças com cabelos curtos e trajes exóticos em algumas capas e difundisse o arrojado discurso da cronista de moda, a publicação se alicerçava sobre forte moral conservadora, para a qual a melindrosa era, no mínimo, um elemento muito incômodo.

---

[56] Nancy Cott, "A mulher moderna", em Françoise Thébaud (org.), *História das mulheres no Ocidente*, cit., p. 110.

Revista Feminina

Até o lançamento da *Revista Feminina* em 1914, as mulheres não possuíam um veículo exclusivo (e de grande expressão entre os magazines nacionais), dedicado unicamente ao "universo feminino", ou seja, "moda, beleza, culinária, decoração, conto, entre outros assuntos desligados do momento atual".[57] Algumas revistas de grande tiragem e circulação dedicavam espaço à mulher, em especial por meio das seções de moda. Um bom exemplo é *A Cigarra*, periódico mensal que começa a circular em 1913, dirigido por Gelásio Pimenta – entre os periódicos pesquisados, é aquele que reserva maior espaço aos "assuntos femininos", ficando logo atrás da *Revista Feminina*. N'*A Cigarra*, um grande espaço era consagrado à literatura; nela, encontramos folhetins, crônicas e poesias de Guilherme de Almeida. O que a destaca, entretanto, são as páginas dedicadas aos fatos sociais, como corridas de cavalos no Jockey Club, competições esportivas no Clube Esperia, casamentos, formaturas dos jovens do Caetano de Campos ou das "normalistas", que enchiam a revista de fotos das senhoras e senhoritas paulistanas exibindo caprichados modelos. Outros exemplos seriam as revistas *Vida Moderna*, *Fon-Fon* e *Revista da Semana*; as duas últimas se voltariam por completo ao público feminino somente na década de 1930.

---

[57] Em meados do século XIX, já existiam no Rio de Janeiro alguns periódicos dedicados às mulheres, como o *Bello Sexo*, *A Família* e *O Sexo Feminino* – este já no final do século; em São Paulo, a revista *A Mensageira*. No entanto, nenhum possuía caráter empresarial nem as tiragens que a *Revista Feminina* atingiu. Cf. Dulcília Buitoni, *Mulher de papel* (São Paulo: Edição Loyola, 1981), p. 39.

Moda e publicidade: mulher da elite paulistana – o centro das atenções

Figura 9: Capa da *Revista Feminina*, 1919.

A revista surge, a princípio, no formato de jornal mensal de quatro páginas, denominado *A Luta Moderna*, cujo conteúdo era exclusivamente dedicado aos interesses da mulher brasileira. Ainda em dezembro do mesmo ano, a publicação recebe nova denominação – *Revista Dedicada à Mulher Brasileira* –, passando a se chamar *Revista Feminina* apenas em janeiro de 1915.[58]

---

[58] A *Revista Feminina*, na condição de única revista de grande porte dirigida exclusivamente ao público feminino durante os anos 1914-1930, despertou bastante interesse no mundo acadêmico, tendo sido objeto central de duas teses: Sônia de Amorin Mascaro, *A "Revista Feminina". Imagens da mulher (1914-1930)*, dissertação de mestrado (São Paulo: ECA – USP, 1982); e Sandra Lúcia Lopes de Lima, *Espelho da mulher: "Revista Feminina" (1916-*

Publicada pela Empresa Feminina Brasileira entre dezembro de 1914-1936, o periódico era uma iniciativa de Virgilina de Souza Salles, senhora pertencente a tradicional família paulistana, irmã do escritor e teatrólogo Cláudio de Souza e casada com João Salles, que teve importante papel como diretor do periódico, após o falecimento da esposa, em maio de 1918. Caracterizando-se como empresa familiar, a revista teve ainda a participação das filhas dos fundadores: Avelina Salles Haynes (nascida Avelina Souza Salles), secretária entre 1918-1924 e redatora a partir de 1925, que deixou de colaborar em 1934, em virtude do casamento e da conseqüente mudança de São Paulo. Marina, a irmã mais nova, também colaborou por algum tempo, exercendo as mais diversas funções. A revista parou de circular em 1936, quando João Salles, sentido-se cansado, "preferiu fechar o periódico a vendê-lo, temeroso de que seus objetivos e os princípios morais que nortearam a linha editorial do periódico fossem deturpados".[59]

Além de ser a primeira revista de grande porte dedicada totalmente à mulher, destaca-se também pela concepção editorial e visão empresarial. Dulcília Buitoni analisa:

> Como concepção editorial, era uma publicação mais completa e apresentava um porte respeitável. Até certo ponto, a *Revista Feminina* estava antecipando uma tendência mais tarde predominante na imprensa feminina: veículos que abarcassem uma boa variedade de assuntos (embora não saindo das artes do-

---

1925), tese de doutorado (São Paulo: FFLCH/Departamento de História – USP, 1991). Além disso, serviu de fonte para diversos estudos sobre história das mulheres no período, entre os quais Marina Maluf & Maria Lúcia Mott, "Recônditos do mundo feminino", em Nicolau Sevcenko (org.), *História da vida privada no Brasil*, cit., pp. 367-421; Mônica Schpun, *Beleza em jogo: cultura física e comportamento social nos anos 20*, cit.; e *Les années folles à São Paulo: hommes et femmes au temps de l'explosion urbaine (1920-1929)* (Paris: Harmattan, 1997).

[59] Sônia de Amorin Mascaro, *A "Revista Feminina". Imagens da mulher (1914-1930)*, cit., p. 17.

mésticas) dentro de uma perspectiva mais voltada para o "lado comercial" (isto é, suprindo necessidades que aumentavam com a crescente urbanização, contribuindo para a integração numa sociedade cada vez mais industrial). Desta forma, a *Revista Feminina* pode ser considerada uma precursora dos modernos veículos de comunicação dedicados à mulher no Brasil.[60]

Antes de lançar o primeiro número de *A Luta Moderna*, Virgilina Salles organizou pacientemente um arquivo com mais de 60 mil endereços de pessoas residentes em todo o país, a quem pudesse interessar a publicação. Nessa primeira fase, o periódico teve tiragens de até 30 mil exemplares, distribuídos gratuitamente até o número 7, procurando angariar assinaturas para continuar a circular. Como ao final Virgilina Salles só tivesse conseguido pouco mais de mil assinaturas, começou a percorrer casas de comércio angariando anúncios.[61] Talvez parte do sucesso de Virgilina Salles na coleta de anunciantes se deva ao fato de ela pertencer a uma tradicional família paulistana; isso deve ter facilitado a entrada do periódico nas casas das elites da cidade. Anunciar na revista era, portanto, anunciar de maneira direta a um público consumidor potencial: as mulheres de classe alta – na definição da historiadora Sandra Lima, aquelas que têm certo grau de instrução e não precisam lutar pela sobrevivência, ou, como preferiu Avelina Haynes, "esposas de fazendeiros, de delegados e prefeitos e professoras".[62]

---

[60] Dulcília Buitoni, *Mulher de papel*, cit., p. 41.

[61] Sônia de Amorin Mascaro informa que, em 1915, a revista atingiu vendagem de 15 mil exemplares, em um momento em que a média nacional era 10 mil; em 1918, chegou a vender 25 mil exemplares. Cf. Sônia de Amorin Mascaro, *A "Revista Feminina". Imagens da mulher (1914-1930)*, cit., pp. 26-27.

[62] Sandra Lúcia Lopes de Lima, *Espelho da mulher. "Revista Feminina" (1916-1925)*, cit., p. 41. Nessa nota, fica patente a transformação no *status* das professoras, pois, no início do

Revista Feminina

A revista comercializava três tipos de anúncio: aqueles no formato-padrão e outros "mais sutis", apresentados de duas maneiras: na forma de texto, como reportagens fotográficas, e também referências a determinadas lojas ou fábricas de móveis, inseridas respectivamente nas matérias de moda e decoração. As propagandas tinham espaço reservado nas páginas iniciais e finais da revista; os produtos mais anunciados eram os de beleza, remédios, casas comerciais, modistas ou automóveis. A estreita relação da revista com os anunciantes apareceu até mesmo no subtítulo que acompanhou o periódico em seus primeiros anos de circulação: "Órgão de propaganda comercial e industrial".[63]

---

século XX, elas ocupavam o topo da pirâmide social, sendo consideradas membros das classes mais abastadas. No final do século XX, como se percebe no dia-a-dia e pelo senso comum, a profissão perdeu o prestígio e teve o salário muito reduzido, distanciando-se sobremaneira da posição social que ocupavam essas profissionais nas primeiras décadas do século.

[63] Sônia de Amorin Mascaro, *A "Revista Feminina". Imagens da mulher (1914-1930)*, cit., p. 11.

Revista Feminina: "A moda" de Marinette

A preocupação em ocupar o tempo livre das leitoras aparece claramente na análise do conteúdo da revista. Boa parte das matérias é dedicada ao ensino de bordados, aos cuidados com as plantas, às mais variadas técnicas de artesanato, enfim, ao estímulo da prática de atividades manuais. Além disso, moda, decoração do lar, saúde, culinária, beleza, educação dos filhos, textos literários (contos, poesias, peças de teatro, entre outros, escritas especialmente para a publicação), conselhos, cartas de leitoras e "curiosidades culturais" eram outros assuntos que formavam o conteúdo da revista. Em sintonia com o ideal de feminilidade contido em seu interior, as capas recebiam cuidado gráfico especial, eram coloridas e costumavam trazer "figuras de mulher em poses românticas mais recatadas, muitas vezes com crianças, a anunciar o alvo principal de suas mensagens: as mulheres esposas e mães".[64]

A revista tinha por função entreter e "educar" as leitoras, o que fica explícito nos temas abordados com mais freqüência pelo material literário de acentuado fundo moral, como maternidade e valorização do casamento, produzido, na maior parte, por Cláudio de Souza. Sua atuação na revista destaca-se ainda pela atração de colaboradores de peso, como Menotti Del Picchia, Olavo Bilac, Afonso Arinos e Amadeu Amaral, que vez ou outra publicavam algum trabalho na revista. Entre as colaboradoras, destacavam-se Júlia Lopes de Almeida, Francisca Júlia da Silva, doutora Alzira Reis e Priscila Duarte.

---

[64] Sandra Lúcia Lopes de Lima, *Espelho da mulher: "Revista Feminina" (1916-1925)*, cit., p. 44.

Figura 10: Na capa da edição de outubro de 1925, uma cena comum naqueles tempos: a moça de cabelos curtos e vestido à moda toca para um possível pretendente.

A seção de culinária era uma constante na revista e recebeu, de início, o nome "De cozinha"; após algumas mudanças não muito duradouras de denominação, recebeu, em janeiro de 1916, o título "O menu do meu marido", que expressa com clareza a preocupação da revista em firmar a associação entre mulher, preservação do casamento e cuidados com a família. A imagem que ilustra todos os meses a seção apresenta uma mulher com um bolo na mão diante do marido e de dois filhos homens, sentados à mesa posta, observando-a com curiosidade. A mulher sorri, como expressando satisfação por servir/brindar aos homens da família com novas receitas.

Se o desvelo com a família e a casa dão a tônica inicial da revista, a questão dos cuidados consigo mesma, ou seja, a preocupação com a imagem e a aparência feminina, está presente na temática, do mesmo modo, desde o princípio. Inicialmente de forma tímida, essa questão vai se ampliando de maneira gradativa, até ganhar espaço considerável – em meados dos anos 1920, a seção fixa de moda tinha em média quatro páginas e uma ou duas matérias aleatórias sobre o assunto. Beleza também é uma temática que ampliaria seu espaço ao longo da trajetória da revista. A princípio, os textos discorriam basicamente sobre beleza espiritual e moral, "a genuína beleza que as mulheres deveriam perseguir".[65] Vez ou outra, e com mais freqüência após 1920, com esses conselhos podíamos encontrar dicas de maquiagem ou penteado.

Figura 11: Novas receitas, imagem da felicidade familiar!

---

[65] Sônia de Amorin Mascaro, *A "Revista Feminina". Imagens da mulher (1914-1930)*, cit., p. 108.

Moda e publicidade: mulher da elite paulistana – o centro das atenções

Os cuidados com o corpo também foram ganhando mais espaço na revista, que procurava difundir e ensinar os principais procedimentos dos mais variados esportes, de exercícios para alongar a silhueta e fortalecer a musculatura das pernas aos esportes "masculinos" como boxe, esgrima e bilhar, passando pelo tênis, e as novas técnicas de dança criadas por Isadora Duncan. A prática esportiva, segundo informava a matéria "A educação física da mulher", contribuía "para o fortalecimento e a beleza dos corpos, ao mesmo tempo que condiciona e assegura a beleza do espírito".[66] Tais preocupações constituíam, em conjunto com as matérias sobre beleza espiritual, um todo indissociável. A saúde da mulher, por sua vez, era tratada com discrição na coluna "Consultório médico", em artigos esparsos publicados de maneira aleatória, cuja finalidade era auxiliar as leitoras, respondendo às dúvidas (que muitas vezes chegavam à redação por meio de cartas anônimas) a respeito do tema.

Com a crescente atenção aos cuidados com o corpo e a beleza, a preocupação com a sociabilidade feminina também ganha espaço na *Revista Feminina*. Em 1918, é anunciado "Jardim fechado", um novo espaço

> [...] reservado às assinantes que queiram publicar assuntos como moda, contos, cozinha, higiene doméstica, conselhos práticos, versos, com certa gravidade e algum estilo. A colaboração excessivamente frívola será desprezada.[67]

A seção nasce da sugestão de uma leitora que, em dezembro de 1917, reivindica à revista um espaço no qual as leitoras pudessem se

---

[66] "A educação física da mulher", em *Revista Feminina*, São Paulo, V (51), julho de 1918.

[67] Sandra Lúcia Lopes de Lima, *Espelho da mulher. "Revista Feminina"*, cit., p. 48.

Derrama-se docemente o xarope sobre as castanhas, enrolando-as com cuidado.

Figura 12: Vestido longo, colares e pulseiras. Cuidados com a aparência até mesmo na matéria que ensina a fazer marrom-glacê!

corresponder sob pseudônimo, trocando poesias, trechos de prosa, receitas, curiosidades, informações e amabilidades. A necessidade de espaços, fosse para comunicação e expressão, fosse de um ponto de encontro feminino na cidade, aparece em inúmeras cartas publicadas pela revista, como uma de 1915, na qual uma leitora sugere à revista a abertura de

> [...] um ponto de reunião para senhoras, um misto de clube e salão de chá, onde se possa passar meia hora com as amigas. [...] Os homens têm os seus clubes onde se reúnem, onde

Moda e publicidade: mulher da elite paulistana – o centro das atenções

distraem o espírito com jogos e entretenimentos diversos. [...] Uma senhora vai à cidade, faz suas compras e deve regressar à casa ou fazendo duas voltas a pé pelo Triângulo.[68]

Além de abrir um espaço na publicação para as cartas, a partir de 1918 a revista oferece às leitoras uma biblioteca – instalada na sede da empresa.[69]

Às vezes, a revista abria os espaços de sua sede para a organização de exposições de trabalhos manuais realizados pelas leitoras e convidava as mulheres, com certa freqüência, a virem conhecer a redação, como opção para um breve descanso entre uma compra e outra no centro da cidade. Ali, as leitoras poderiam ainda adquirir alguma mercadoria comercializada pela Empresa Brasileira Feminina, como livros, materiais para trabalhos manuais, cosméticos.[70]

Outro demonstrativo da preocupação com a sociabilidade feminina aparece na seção intitulada "Vida feminina", na qual a revista abria espaço para a divulgação de programas, resoluções ou discussões das associações de mulheres, assumindo o papel de porta-voz do movimento feminista, ainda que essa não fosse sua principal preocupação e que não compartilhasse de todas as propostas defensoras da emancipação da mulher. A concepção de feminismo da *Revista Feminina,* segundo Sandra Lima, pode ser definida assim: "[...] pacífico resultante de uma evolução natural, preservada da moral tradicional, dos papéis femininos de esposa e mãe, defensor de formas jurídicas a favor da mulher, fiel aos princípios da Igreja".[71]

---

[68] *Revista Feminina*, São Paulo, II (10), janeiro de 1915.
[69] Não foram encontradas evidências sobre a utilização da referida biblioteca.
[70] Sandra Lúcia Lopes de Lima, *Espelho da mulher. "Revista Feminina"*, cit., p. 65.
[71] *Ibíd.*, p. 74.

Revista Feminina: *"A moda" de Marinette*

Católica e conservadora, a publicação trouxe no cabeçalho, durante muitos anos, a seguinte epígrafe: "Sua Eminência o cardeal Arcoverde afirma que a *Revista Feminina* é redigida com elevação dos sentimentos e largura de vistas". Os editoriais receberam por oito anos (1914-1922) a assinatura de Ana Rita Malheiros – pseudônimo adotado por Cláudio de Souza – e procuravam frisar as funções da revista, sendo considerados por Sônia Mascaro "[...] a voz mais alta da revista, que falava em tom mais incisivo e melhor refletia seu pensamento [...]". Dentre outros, as bandeiras do nacionalismo, do patriotismo, do moralismo, da religião, da tradição e da família eram as mais recorrentes nos textos editoriais.[72]

A moda teve, por mais de dez anos, um espaço fixo na revista denominado "A moda", assinado pela cronista Marinette. Seu objetivo era divulgar as novidades no tocante a roupas, acessórios e penteados, por meio da descrição e da ilustração de modelos que vinham sempre precedidos do comentário de sua redatora. Provavelmente, as crônicas de Marinette eram bem recebidas pelo público da revista, uma vez que, além da longa permanência da cronista no periódico, a seção cresceu bastante desde a primeira aparição em 1915 e meados de 1920, quando passou a ocupar, em média, quatro páginas, chegando a cinco em algumas edições. As ilustrações – constituídas, na maior parte, de desenhos monocromáticos não assinados e talvez retirados de publicações estrangeiras (a fotografia aparece de forma muito esporádica) – perfaziam, em geral, 20% da seção contra 80% de texto –[73] não ocupavam,

---

[72] Sônia de Amorin Mascaro, *A "Revista Feminina". Imagens da mulher (1914-1930)*, cit., p. 53. Ao longo de 1923, alguns editoriais são assinados por Maria Clara de Alvear; após esse período, a seção deixa de receber assinatura.

[73] Concordamos com a proporção de 20% de imagem contra 80% de texto proposta por Sônia de Amorin Mascaro. A mesma autora informa que a maior parte das ilustrações era proveniente de magazines parisienses, americanos, ingleses e argentinos. Cf. Sônia de Amorin Mascaro, *A "Revista Feminina". Imagens da mulher (1914-1930)*, cit., p. 86.

portanto, grande espaço na seção. Assim, é possível afirmar que a seção se destaca pela peculiar escrita de Marinette, de caráter mais opinativo que descritivo, característica que provavelmente a distinguia de suas similares publicadas em outras revistas.[74]

Figura 13: Vestido decotado, cabelos coloridos, muitos adornos e santo Antônio, eis a melindrosa!

---

[74] Na revista *A Cigarra*, a moda sempre teve espaço. Entretanto, as informações eram muito mais ilustrativas que textuais. Exceções ocorrem apenas em 1920, 1921, 1922 e 1924, quando é publicada a seção "Crônica das elegâncias", assinada por Annette Guitry, e quando as crônicas de moda dividem espaço com conselhos sobre beleza, jóias, acessórios e, nos meses de fevereiro, fantasias de carnaval. Na *Revista da Semana*, a moda aparece também de maneira esporádica: apenas entre 1921 e 1924 é que ganha espaço fixo, com a coluna não assinada "Últimos modelos", parte integrante do suplemento

Revista Feminina: *"A moda" de Marinette*

A descrição minuciosa dos modelos apresentados era parte integrante das crônicas de moda da época, fato que se justifica, talvez, pela grande quantidade de leitoras que costumavam pedir às costureiras que confeccionassem seus vestidos no modelo apresentado em determinada revista e também em razão de questões gráficas, como ausência de cores e pouca definição de impressão, o que prejudicava, por exemplo, a percepção de textura e cores do tecido. Marinette, portanto, gasta algumas linhas descrevendo com cuidado os modelos da edição: cor, tecido, fitas, botões, acessórios, chapéus, luvas, sapatos, penteados, maquiagem e o que quer que se estivesse usando naquela estação é detalhado pela cronista.

Precedendo a apresentação dos modelos propriamente ditos, Marinette iniciava as crônicas refletindo sobre algum tema atual, às vezes mais politizado, como "a economia a que nos obrigou a guerra" ou "a necessidade de simplicidade em roupas de trabalho", o que ocorria com muita freqüência durante os anos da Primeira Guerra Mundial. Outras vezes, mostrava-se preocupada apenas com os rigores do estio ou com a fraqueza do inverno. Sempre afoita por novidades, Marinette punha-se freqüentemente a lamentar a ausência de novidades de um mês para outro ou, de modo inverso, a festejar algo novo. Apresentava, quase sempre, toaletes de passeio; apenas após 1923 é que são indicados alguns modelos de camisolas, ainda que aparecessem com alguma assiduidade em anúncios publicitários. Mesmo assim, as roupas de quarto, por exemplo, não são, em nenhum momento, a tônica da seção.

"Jornal das famílias (modas, costuras e bordados, a vida no lar, receitas e conselhos práticos, economia doméstica, higiene da beleza, alimentação)". Nela, há ilustrações de modelos e comentários descritivos que não ultrapassam três linhas. Cf. Maria Claudia Bonadio, *Moda! Um perigo para as boas moças. Estudo sobre a sociabilidade feminina (1900-1930)*, monografia (Campinas: IFCH/Departamento de História – Unicamp, 1996), mimeo.

Figura 14: Na seção de janeiro de 1925, Marinette descreve os principais tecidos então em voga.

No conjunto das seções fixas da revista, além do editorial, "A moda" era a única que recebia assinatura. Marinette a assina até setembro de 1926, quando esta sofre uma transformação definitiva de enfoque, passando a privilegiar as ilustrações em vez do texto. "Modas e elegâncias" é o nome da coluna assinada pela cronista portuguesa Maria de Eça, que se detém em realizar breves comentários sobre os modelos apresentados nas imagens, deixando de lado as opiniões e os debates acerca das novidades da moda.

E quem era Marinette? Impossível responder com precisão a essa questão, uma vez que as informações coletadas permitem apenas que formulemos algumas proposições/suposições. Sônia Mascaro explica em uma nota que, segundo informação de dona Avelina

Revista Feminina: *"A moda" de Marinette*

Haynes, Marinette era o pseudônimo de sua irmã Marina, escolhido por ser um nome afrancesado e, portanto, adequado a uma cronista que deveria comentar questões relativas à moda, que, naquele momento, vinha essencialmente da França. Em entrevista que nos foi concedida, Avelina Haynes confundiu-se ao responder quem era Marinette.[75] Primeiro, afirmou ser alguém da redação. Quando perguntei se era homem ou mulher, respondeu de pronto que sem dúvida era mulher, mas negou que fosse a irmã Marina, dizendo que, no início, quem escrevia era sua mãe e que, por ocasião do falecimento desta, Marina ainda era muito jovem. Desse modo, não nos foi possível precisar quem efetivamente assinava a seção.

Todavia, o estilo não sofreu nenhuma alteração perceptível ao longo dos anos em que a seção foi publicada, o que indicaria que teria sido sempre escrita pela mesma pessoa. Em algumas crônicas, fica patente a erudição do redator, em citações ou referências a trechos de óperas e grandes obras literárias. Algumas vezes, a forma de tratamento empregada e a mulher idealizada nos textos nos leva a desconfiar de que, na verdade, a cronista era um homem. Assim, as circunstâncias apontam três possibilidades para a identidade de Marinette: Cláudio de Souza, Avelina Haynes e até João Salles. Mas são apenas suposições.

Pela possibilidade de a seção "A moda" ter sido escrita por um homem, pelo fato de o editorial, que era sua voz mais alta, ser escrito por um homem e pela direção – e talvez a editoria – estar nas mãos de João Salles após a morte de Virgilina Salles, é possível afirmar que a *Revista Feminina* apresentava idéias de feminilidade e feminismo con-

---

[75] Entrevista concedida em 27 de janeiro de 1996, em sua residência no bairro de Higienópolis, São Paulo. Na ocasião, Avelina Haynes confirmou que Ana Rita Malheiros era pseudônimo de seu tio Cláudio de Souza.

Moda e publicidade: mulher da elite paulistana – o centro das atenções

cebidas por homens, uma vez que a maioria de seus colaboradores também eram do sexo masculino. Diante desses dados, é importante ler as páginas da revista, colocando sempre a seguinte questão: a "mulher ideal" apresentada na revista era uma aspiração feminina ou uma expressão das idéias masculinas sobre esses assuntos?

Um *kisto sebaceo* no meio da revista[76]

"Não sei como principiar esta crônica. Tudo está tão visto" –[77] lamenta a cronista de moda, em março de 1917. Exclamações desse tipo eram uma prática na seção, cujo objetivo era apresentar as inovações da moda para comentá-las depois. Todavia, durante os anos posteriores à Primeira Guerra Mundial, as novidades da moda, em sua maior parte vindas de países beligerantes, sofrem desaceleração de ritmo. No entanto, as alterações relativas à forma, ao corte, aos modelos e aos tecidos são significativas, e Marinette destaca essas transformações.

O vestuário feminino começava a apropriar-se dos uniformes militares: em pouco tempo, chapéus, sapatos, vestidos, enfim, uma infinidade de peças de vestuário, começam a ganhar formas, cores e tecidos inspirados nas roupas de marinheiros e soldados, como destaca Marinette, em crônica de 1917:

> Sabem todas as gentis leitoras, porque mais ou menos são vítimas submissas da moda. A grande nau que vem do velho mundo carregada de figurinos que são nossos senhores – a influência que exerceu a guerra no vestuário feminino. Vimos os mais clamantes disparates e também as mais lindas e originais combi-

---

[76] A expressão *kisto sebaceo* é utilizada por Ana Rita Malheiros, pseudônimo adotado por Cláudio de Souza, como imagem negativa, impura para a moda, em artigo publicado em fevereiro de 1920.

[77] "A moda", em *Revista Feminina*, São Paulo, IV (34), março de 1917.

nações – tudo isso influência do soldado, do homem de guerra e das condições de guerra. Foi assim que apareceram as saias curtas e as botinas de cano alto a imitar as capas dos *Poilees* e dos *Samies*, destacando o calçado de campanha. Foi assim que tanto em favor estiveram e estão os chapéus figurando bonés e *casques* militares. [...] Mas foi também porque os tecidos estavam caros e as fábricas monopolizavam a produção para suprimentos às intendências, tanto que apenas o preço do couro subiu e logo os canos das botinas desceram a proporções razoáveis.[78]

Figura 15: Na crônica de dezembro de 1925, Marinette se queixa da ausência de mudanças significativas na moda feminina.

---

[78] "A moda", em *Revista Feminina*, São Paulo, V (52), agosto de 1918.

Um kisto sebaceo *no meio da revista*

No mês seguinte, a cronista observa que não foi diferente com a largura e o comprimento das saias, e o alto preço "das fazendas" acabou justificando, ao menos naquele momento, a drástica redução impulsionada pelos criadores de moda. Até o final da Primeira Guerra Mundial, é raro o mês em que a cronista não pede às leitoras contenção no luxo das toaletes.

Ainda durante a guerra, em fevereiro de 1918, Marinette apresenta às leitoras modelos "audaciosos", porém econômicos nos tecidos, como a saia estreita que parece ser uma "restauração mais ou menos modificada da saia *entravée*", e deixa a cargo destas aceitar ou não as imposições da moda. No mesmo artigo, pede às leitoras que desprezem as luvas, em razão do alto preço que apresentam. Ainda no tocante à economia, a cronista completa que "o uso das mangas curtas não é em nada atentatório ao bom gosto". Nessa e em outras ocasiões, Marinette demonstrará gosto extremamente racional diante da moda, ou, como ela mesma define, "Esses tempos difíceis que atravessamos deixaram-me bastante ponderada e prática". E é em meio à luta pela economia de tecidos e materiais que Marinette vai revelando sua simpatia pela imagem de uma mulher que em nada deve lembrar as matronas afogadas em tecidos e armações, pois, se a moda pede a linha barril, é melhor não adotá-la, e justifica:

> Que necessidade temos nós de andar com armações em nosso vestidos, estar caminhando para o detestável balão de nossas avós – em provável referência às crinolinas –, se poderemos ser elegantes com um vestido diretório que além do mais é muito prático?[79]

---

[79] "A moda", em *Revista Feminina*, São Paulo, IV (37), junho de 1917.

Moda e publicidade: mulher da elite paulistana – o centro das atenções

Com o fim do conflito, como a economia mundial ainda está abalada e é preciso continuar economizando, a cronista prossegue a pregação à economia de tecidos. Entre outras coisas, passa a pregar às leitoras da revista o uso do algodão e de outros tecidos menos "nobres". Marinette, ao contrário das vozes moralistas que podem ser ouvidas com muita freqüência na *Revista Feminina*, não só divulga vestidos com saias e mangas mais curtas como apresenta, apóia e divulga manifestos como o que transcrevemos:

> Agora, por exemplo, um deputado americano do estado do Texas, o senhor Summers, acaba de fundar uma associação, cujo fim é a propaganda entre os seus associados, do máximo de economia nos vestuários. Denomina-se ela "Associação dos Cavaleiros e Damas do Remendo". O seu propósito é propagar a modéstia e promover em todo o país, por todas as formas ao alcance de seus associados, uma enérgica reação contra os excessos do luxo das roupas e promover, ao mesmo tempo, a promulgação de leis contra a ostentação suntuária, cujo excesso chega a tornar ridículo o homem e escandalosa a mulher.[80]

Ainda que suas orientações acerca da moda caminhem em direção um pouco diversa das proferidas no restante da revista, a simpatia pelos Estados Unidos expressa no mesmo artigo e manifestada inúmeras vezes pela cronista no período em que assina a seção é ponto comum com as diretivas do periódico, que exalta, sempre que possível, a nobreza das ações norte-americanas. Na seção de moda, as influências vindas dos Estados Unidos são diversas: tudo é lembrado de maneira positiva, do trabalho feminino às novas danças, em

---

[80] "A moda", em *Revista Feminina*, São Paulo, VII (74), julho de 1920.

Um kisto sebaceo *no meio da revista*

especial se levarmos em conta que ambos são responsáveis, segundo Marinette, por uma drástica redução no comprimento das saias, o que é possível observar nos dois trechos a seguir:

> Já dissemos uma vez que a moda, graças à influência americana, se tem tornado mais natural, mais higiênica, mais lógica. A saia curta, por exemplo, é uma imposição norte-americana. A mulher de Nova York ou de qualquer das grandes cidades daquele prodigioso país tem uma vida ativa e de movimentos, e de tal maneira que nós não fazemos bem uma idéia disso. Ela é a caixeira-viajante, a agente de negócios, a propagandista de produtos industriais, exerce uma série de atividades que fariam inveja ao mais audacioso dos nossos corretores de praça. Ora, esta mulher não podia vestir-se à moda francesa, apertar-se em espartilhos de talas e saias longas. Necessitando ter livres as mãos para levar a sua bolsa ou a sua valise de amostras, não podia ocupar-se em erguer as saias, como era, então, de estilo. Já se vê que a princípio as moças desse gênero eram alvo de desprezo das senhoras ociosas que ainda teimavam em submeter-se aos incoerentes modelos parisienses. Pouco a pouco, elas, pelo seu grande número, começaram a influenciar a moda. Por fim a moda generalizou-se. Desapareceram os espartilhos que afogavam o colo das senhoras, que lhes torturava a cintura: as saias encurtaram-se e o corpo da mulher ganhou uma grande liberdade de movimentos e adquiriu uma ondulação natural que antes não tinha.[81]

Com a popularização das danças como o foxtrote, o *ragtime* e a valsa lenta – continua Marinette no mesmo artigo –, o uso de saias

---

[81] "A moda", em *Revista Feminina*, São Paulo, VI (58), março de 1919.

Moda e publicidade: mulher da elite paulistana – o centro das atenções

compridas com caudas, como tentavam naquele momento impor alguns costureiros de Paris, amantes da tradição, seriam "excelentes para varrer o pó e incomodar quem as use". Trata-se de uma fala muito sintonizada com os novos hábitos da mulher, completada pela observação final: "em questões de moda, só as coisas contrastantes é que forçam atenção, sucede sempre que as criações concebidas com um gosto discreto quase nunca obtêm êxito".[82]

Durante todo o período em que escreve, Marinette esforça-se para difundir as modas práticas e confortáveis, sem se preocupar se os cabelos muito curtos distanciam as mulheres da imagem corrente de feminilidade ou se as saias curtas parecem licenciosas, como afirmam outras vozes. O que importa é a funcionalidade, como fica patente na crônica de maio de 1925:

> Pois é, caríssimas leitoras: o traço característico da moda atual é o senso prático, que tudo invade, que tudo domina.
>
> Dão os cabelos compridos muito trabalho para trazê-los em ordem, sempre penteados? Nada mais simples: inventemos os cortes *à la garçonne*, Joana D'arc, pomponete, etc., e eis remediado o mal. E as saias quase até o chão? Aborrecem-nos, tiram-nos a elegância, dificultam-nos os movimentos? Lá apanhamos a tesoura e eis as saias curtíssimas, pelos joelhos e cômodas e graciosas. E a silhueta? Se a moda manda que seja fina e esbelta, vaporosa, de acordo com os tempos de hoje, de pães pequeniníssimos, de refeições magras... Porém, muitas elegantes são gordas de natureza. Mal de nascença! Não emagrecem nem a regime de pão e àgua. Pois facílimo: a senhora moda lança um decreto ordenando às suas obedientes escravas o uso nas diversas *toilettes* do talhe direto, reto, de uma só linha.

---

[82] "A moda", em *Revista Feminina*, São Paulo, VII (76), setembro de 1920.

Um kisto sebaceo *no meio da revista*

É o quanto basta para as gordas se tornarem esguias e magras e as magras... mais esguias ainda.[83]

Assim, as novidades, como já foi dito, são muito bem-vindas, contanto que venham para facilitar, não para dificultar! Por volta de 1925, são retomadas as saias demasiadamente justas; inspiradas nos modelos *entravées*, rasgam com facilidade e prejudicam o andar das mulheres. Marinette as desaprova de forma definitiva e justifica: "O inconveniente da moda atual para passeios e esporte, como já tenho observado em crônicas precedentes, consiste na exagerada estreiteza das saias que prejudicam os movimentos, tornando o andar da mulher pouco gracioso". Ao longo do tempo em que assina a seção de modas, são poucas as exceções a essa regra, e uma delas diz respeito ao novo tipo de calçado em voga no início de 1925:

No que se refere ao calçado, não se sabe como irão se arranjar as elegantes para não apanhar umidade nos dias de chuva, pois a moda decretou que os passeios de qualquer espécie se deverão levar a cabo com sapatos de pelica de tons delicados e decotados a tal ponto que as correias ou presilhas que os adornam não conseguiriam se sujeitar aos pés.

Agrada-vos ou não o modelo? É ele bonito? É feio? Ora, que importa! É a moda, e eis dito tudo. Os ditames da tirana são sempre belos e, por mais extravagantes que sejam, aceitos sem variante, gostosamente com um sorriso de satisfação, pelas encantadoras filhas de Eva, sempre prontas a se sacrificarem no altar suntuoso da moda.

Pobres pezinhos, de tão *mignons* cabem na palma das mãos dos poetas. Vós sempre fostes o maior supliciado pela *coqueterie* do

---

[83] "A moda", em *Revista Feminina*, São Paulo, XII (132), maio de 1925.

Moda e publicidade: mulher da elite paulistana – o centro das atenções

belo sexo. Ai as vossas donas como são cruéis! Sofrem e vos fazem sofrer. Que o digam os sapatinhos que hoje se usam.

Haverá, talvez, um aumento de resfriados e influenzas; porém...

Il faut souffrir pour être belle...[84]

Em alguns casos, Marinette desaprova os excessos em termos de licenciosidade propostos pelos costureiros, como a moda dos decotes e braços vigente em 1922, ainda assim sua maior preocupação nesse caso que a adoção dos novos hábitos pelas matronas, pois se tais vestidos não são "impróprios para mocinhas de 16 anos, quanto mais para uma cinqüentona".[85] O novo ideal de feminilidade associado à juventude é freqüentemente propagado por Marinette. Não são poucas as vezes em que ela apresenta uma *toilette*, ressalvando que os novos modelos deveriam ser usados apenas pelas mulheres mais jovens. A cronista chega mesmo a publicar, em março de 1922, uma espécie de tabela métrica/cronológica das saias, na qual procurou colocar de forma um tanto irônica a relação idade/comprimento, explicando:

[...] meninas que não passem de dezesseis primaveras, saia até o joelho; além desta idade, até os vinte e três, mais dez centímetros; entre vinte e três e vinte e oito, adicionam-se ainda cinco centímetros mais; dos trinta aos quarenta anos, cinco centímetros mais. Depois dessa idade, tabela não é mais necessária: usem as senhoras o comprimento que melhor lhes parecer. E isso porque, tenham a saia muito comprida ou exageradamente curta, ninguém lhes porá reparo...[86]

---

[84] *Ibidem.*
[85] "A moda", em *Revista Feminina*, São Paulo, IX (95), março de 1922.
[86] "A moda", em *Revista Feminina*, São Paulo, XII (137), outubro de 1925.

Um kisto sebaceo *no meio da revista*

Figura 16: Em janeiro de 1925, Marinette discorre sobre o "vestido moderno", ou seja, curto de linhas retas que facilitam os movimentos.

Apesar de destacar em sua seção as novidades da moda associadas, em especial, ao universo das elites, em algumas ocasiões Marinette deixa entrever em suas crônicas que dialoga também com as mulheres das camadas médias em ascensão, como, por exemplo, naquela publicada em maio de 1925, na qual saúda a chegada do inverno destacando que a "estação elegante" é menos dispendiosa do que imaginam alguns maridos:

> Desde Adão e Eva no Paraíso, tem sido o inverno a estação do ano predileta das pessoas de bom-tom. Homens e mulheres de *bien*, ao vê-lo aproximar-se, batem palmas, dando mostras de satisfação. O frio é aristocrático...

Moda e publicidade: mulher da elite paulistana – o centro das atenções

Os espetáculos, as noites de dança, as tardes de chá! As macias pelúcias, os suaves veludos, os longos abrigos de pele, os fofos regulos!

Que requinte! Pois não é? E as leitoras hão de convir, necessariamente, que as *toilettes* de inverno não são tão custosas como querem muitas e principalmente muitos... maridos. Sim, porque para os espetáculos, chás e salões de baile, o vestido usado nesta época é sempre o mesmo, decotado, transparente, fino.[87]

Ainda que não seja esse o objetivo principal de sua seção, esta acaba por funcionar como um "buraco na fechadura" do universo das elites, pois, além de apresentar as novas modas internacionais, em várias ocasiões permite às leitoras das camadas médias a inserção nos espaços reservados às elites por meio da leitura. Exemplo é a crônica de fevereiro de 1923, na qual Marinette descreve com detalhes de um romance realista os trajes e as emoções de uma tarde no Jockey:

É minha diversão favorita o prado. Como me sinto bem naquele convívio mesclado de homens e mulheres elegantemente trajados com *aplombs*, chique mesmo, [...] e quase perdemos a compostura quando os fogosos cavalos estão entrando na reta final, próximos ao posto do vencedor e ao favorito... oh! Que azar ainda está a três corpos do que vem na frente, prestes a levantar o prêmio!

Momentos terrivelmente deliciosos: a emoção num crescendo formidável empolga todo o ser; uma ânsia indescritível que se prolongasse por mais alguns minutos causaria a morte [...]

Movimentam-se por toda aquela seleta reunião damas aristocráticas ostentando elegantes *toilettes*, fazem grupos encanta-

---

[87] "A moda", em *Revista Feminina*, São Paulo, XII (132), maio de 1925.

Um kisto sebaceo *no meio da revista*

dores pelas arquibancadas ou conversam alegremente nos automóveis silenciosos junto à pista. Cavalheiros, verdadeiros tipos *gentlemans*, obsequiosos e amáveis, se incumbem de dirigir os grupos femininos para os bufês e *buvettes*. Em mesinhas artisticamente dispostas observamos de relance a *toilette* de uma nossa amiga, mui conhecida pela sua veia feminista, M.R.Q., trajando um elegante robe em tricotim *rosé* bem claro, de golas ligeiramente altas e curvas sobre o ombro.

Está elegantíssima com aquela saia quase que a cobrir o tornozelo, levemente plissada com dois babados caindo da cintura, de ambos os lados, como escondendo os dois amplos bolos falos, dispostos lateralmente. O *casaquim* amplamente aberto sobre o busto, deixando-se perceber a rica combinação de seda-creme, por sua vez, ligeiramente decotada.[88]

A descrição detalhada dos trajes da senhora M.R.Q. prossegue até o ponto em que a cronista afirma que

No grupo do qual faz parte essa distinta senhora outras também mui elegantes e ricamente trajadas, porém falta a elas esse dom imprescindível e que não todas as patrícias têm: a arte de saber ligar o belo ao simples e ao elegante. É uma certa dificuldade dirão; porém, pode-se afirmar: é mui simples; basta tão-somente deixar de lado a preocupação da ostentação do luxo, para se preocupar mais com o belo e conseguintemente com o simples.[89]

Ao salientar em sua crônica que ostentação e luxo não são necessariamente sinônimos de elegância, Marinette está – ainda que de

---

[88] "A moda", em *Revista Feminina*, São Paulo, X (105), fevereiro de 1923.

[89] *Ibidem.*

Moda e publicidade: mulher da elite paulistana – o centro das atenções

forma indireta e talvez inconsciente – indicando às leitoras a simplicidade como o melhor caminho para a elegância e, conseqüentemente, para mesclarem-se, mesmo que apenas pelas aparências, ao mundo das elites.

Ainda que seja entusiasta das novidades da moda, a leitura do total das crônicas produzidas por Marinette para a *Revista Feminina* permite concluir que as roupas simples, discretas e sóbrias estão entre as suas preferidas e são, para ela, sinônimos de elegância e distinção, ou seja, passaportes para o ingresso no espaço citadino. Um trecho do texto publicado em junho de 1924 reforça o argumento, em que Marinette frisa que "O característico das modas de inverno é sua nota de sobriedade. Sobriedade de linhas, de adornos, de tonalidades".[90] É moda para ser usada em concertos, reuniões chiques, festas de gala, teatros e casas de chá – ressalta Marinette em crônica de junho de 1923, na qual comemora a chegada do inverno e destaca a plástica toda especial que as toaletes de inverno adquirem sob a "chuva espledorosa da luz elétrica!".[91]

Destaco ainda que esse e outros trechos transcritos ressaltam a preocupação de Marinette com a sociabilidade feminina, bem como a estreita ligação da moda com o espaço público. Ao longo dos anos em que seus escritos estiveram presentes na revista, a cronista procurou evidenciar que esse era o local privilegiado das aparências e, mais especificamente, das diversões das elites. Ainda que aplauda as modas práticas adotadas pelas secretárias e caixeiras-viajantes americanas, em nenhum momento Marinette faz referência às trabalhadoras paulistanas, pelo contrário. O que suas crônicas deixam evidente é que o público-alvo de Marinette eram as mulheres das camadas mé-

---

[90] "A moda", em *Revista Feminina*, São Paulo, XI (121), junho de 1924.
[91] "A moda", em *Revista Feminina*, São Paulo, X (109), junho de 1923.

Um kisto sebaceo *no meio da revista*

dias e altas, que tinham tempo e dinheiro para freqüentar locais chiques e refinados.

Por fim, o caráter mais avançado de sua seção se justifica por festejar as novidades como saias curtas, decotes e cabelos *à la garçonne*, sem se preocupar se estas eram ou não contrárias à moral católica que dava o tom à revista. Por causa dessa abordagem em relação à moda, a seção se constitui em importante dissonância na *Revista Feminina*, na qual, em um contexto mais amplo, as novidades da moda não eram vistas com muita simpatia.

Um exemplo importante seria o editorial assinado por "Ana Rita Malheiros", de fevereiro de 1920, no qual "a jornalista" começa por comemorar a iniciativa da religião que começara a lutar contra a moda, que

> [...] de arte do vestir, está aos poucos se transformando em arte do despir... Efetivamente, ao ver-se passar hoje, nas grandes cidades (porque o interior se defende galhardamente dentro de sua moral antiga), uma das chamadas elegantes, só não se tem a impressão de que ela esteja em mármores de alcova porque nossa noção anterior de "trajes menores" no-los pinta muito maiores em comprimento e muito mais anchos em largura.[92]

O artigo prossegue alertando em tom sarcástico contra a inversão no tamanho das roupas, prevendo para breve o encontro entre decote e comprimento das saias, de tanto que desce o primeiro e sobe o segundo. Essa redução, aos olhos da(o) editorialista, não se justifica-

---

[92] "Ana Rita Malheiros", "Fevereiro", em *Revista Feminina*, São Paulo, VII (69), fevereiro de 1920.

Moda e publicidade: mulher da elite paulistana – o centro das atenções

va de modo algum pela economia de "estofo".[93] E ao aderir aos caprichos da moda a "mulher honesta" perde o direito de exigir respeito para consigo, continua "Ana Rita":

> Se nos vestimos como as hetairas (*sic*), se fumamos como fumam as favoritas dos haréns, se nos enchapanamos como as marafonas, se nos debruçamos aos ombros dos homens como fazem as chinas embriagadas e se chegamos – já se chegou a isso! – a fazer, a apregoar, no grande mundo, as célebres farras?

> Felizmente esse fenômeno, se nos atingiu, foi só nas grandes cidades, e ainda nestas, apenas numa certa sociedade desnacionalizada, de tipos que se envergonhavam de ser brasileiros, quando mais se deveria envergonhar o Brasil de os ter por filhos. Esses senhores e essas senhoras – pobres senhores e senhoras!... – nem vestem, nem falam, nem se alimentam, nem raciocinam à brasileira, e acabam por constituir um *kisto sebaceo* dentro da nossa nacionalidade: sociedade de francelhos de cabeças idiotas que se deixaram embrutecer pelo éter e pela morfina da dissolução de raças em decadência.[94]

Em resumo, as modas importadas da França são, para a(o) editorialista, um *kisto sebaceo* que deve ser extraído para "sanear" a sociedade brasileira. Aderir aos novos hábitos é, nesse contexto, sinônimo de imoralidade, e, para as mulheres, a porta de entrada para o mundo das "mulheres sem respeito".

---

[93] Sobre a moda e a economia de tecidos, Ana Rita Malheiros diz: "É uma razão que se pode equiparar à do saloio que tirou o chapéu para receber uma pancada na cabeça, porque o chapéu lhe custara vinte mil reis e a cabeça ainda lhe custará". Cf. Ana Rita Malheiros, "Fevereiro", em *Revista Feminina*, cit.

[94] Ana Rita Malheiros, "Fevereiro", em *Revista Feminina*, cit.

Um kisto sebaceo *no meio da revista*

Essa é, talvez, a manifestação mais agressiva e incisiva contra as modas, que, aparentemente de forma contraditória, convive com a seção de Marinette na revista. Os ataques às modas eram freqüentes, mas na maioria das vezes apareciam em tom bem-humorado ou na forma de alerta ou conselho. Os excessos de permissividade ou luxo da moda eram associados com alguma freqüência à prostituição, mas sempre de modo muito mais sutil, como é possível verificar no artigo "A elegância debanda...", assinado por Paulo de Tharso em 1917, uma espécie de manifesto contra os luxos das roupas e acessórios modernos:

> Antigamente, os acessórios da beleza feminina nada mais eram do que acessórios. Modernamente são eles o essencial, o fundo indispensável para que essa beleza se reflita com mais deslumbramento e com mais reduções. São o essencial porque hoje, infelizmente, a mulher não é admirada por si própria, isto é, pelas suas qualidades e pelas suas virtudes, mas pelos trapos brilhantes e curtos que se lhe rasgam nas espáduas e pelas contas que paga na modista, que faz no sapateiro, que deixa na chapeleira, que abre nas joalherias e em todas as casas de modas, de bugigangas, etc. e tal.[95]

Com o intuito de despertar nas mulheres o gosto pela simplicidade, o autor compara os luxos encontrados entre os leques e murmurinhos das tardes no Triângulo "aos últimos dias de Pompéia" – cidade cuja lenda informa ter sido castigada por seus luxos, vaidades e permissividade, por meio de uma erupção vulcânica. E aconselha suas patrícias a tomarem a Grécia como exemplo de civilização, evolução e simplicidade.

---

[95] *Revista Feminina*, São Paulo, IV (34), março de 1917.

Moda e publicidade: mulher da elite paulistana – o centro das atenções

Na década de 1920, são os cabelos curtos e a apropriação de elementos do vestuário masculino pela moda feminina que começam a chamar a atenção dos colaboradores da revista. Um bom exemplo é o artigo "Frivolidades femininas", de Gomez Carello, que associa a adoção dos cabelos curtos pelas mulheres à mutilação! Para o autor, ao livrar-se das longas madeixas as mulheres estariam destruindo um dos maiores símbolos da feminilidade.[96] Menos radical, o artigo não assinado "Variações sobre o cabelo curto – a opinião de alguns pintores sobre essa moda feminina", publicado em 1924, coloca em debate a questão do comprimento dos cabelos e deixa para a leitora a "decisão" de adotá-los ou não. Entre os artistas que opinam sobre o assunto, estão Guirande de Seevola, para quem "O gênero *petit-garçon* [...], compromete nas mulheres o caráter natural de sua beleza. A mulher tenta masculinizar-se, só o conseguindo, porém, até certo ponto",[97] com o que concorda "o pintor preferido das damas elegantes", Paul Chabas.[98] Apenas o pintor Van Dogen,[99] "o mais moderno dos retratistas, se declara partidário dessa moda feminina. Para ele, trata-se de um problema de evolução, mais que um capricho dos tempos".[100]

Ainda que a revista abrisse espaço para o debate de questões da moda, uma análise geral dos artigos que discorreram sobre assuntos

---

[96] Gomez Carrello, "Frivolidades femininas (os cabelos curtos)", em *Revista Feminina*, São Paulo, XI (117), fevereiro de 1924.

[97] "Variações sobre o cabelo curto: a opinião de alguns pintores sobre essa moda feminina", em *Revista Feminina*, São Paulo, XI (121), junho de 1924.

[98] Paul Chabas (1869-1937), pintor premiado com medalha de ouro na exposição universal de 1900 e membro da Academia de Belas-Artes, era seguidor da tradição acadêmica. Cf. *Dicionário Oxford de artes* (São Paulo: Martins Fontes, 1996).

[99] Van Dogen (1877-1968), pintor que se notabilizou por utilizar elementos e cores *fauvistas* na realização de retratos da "bela sociedade parisiense". Cf. Giulio Carlo Argan, *Arte moderna* (São Paulo: Companhia das Letras, 1992), p. 236.

[100] "Variações sobre o cabelo curto: a opinião de alguns pintores sobre essa moda feminina", em *Revista Feminina*, cit.

como cabelos curtos, silhueta reta e adoção de pijamas, entre outros, durante toda a década de 1920, leva a crer que, para os editores e colaboradores, ao adotar esses novos hábitos a mulher, ainda que não fosse permissiva, "perdia" e contrariava sua feminilidade, ou seja, sua natureza.

Figura 17: Exceção à regra, a matéria ilustrada publicada pela *Revista Feminina* em outubro de 1925 louva os pijamas femininos, peça que elege como o vestuário ideal para a casa. A ousadia aparece também nos cabelos curtíssimos, nos cigarros e nas gravatas que acompanham alguns dos pijamas mostrados.

Exemplo é o artigo "O decote e a medicina", assinado pelo doutor Nicolão Ciancio, o qual faz um alerta às senhoras: "se 187,50 centímetros quadrados de superfície nua do corpo humano (medidas de um decote antes da guerra) era prejudicial à saúde, podendo ocasionar gripes, pleuris, lumbago, nefrite, 'frigore' e até a pneumo-

Moda e publicidade: mulher da elite paulistana – o centro das atenções

nia", as medidas atuais, que, segundo o médico, já haviam até "[...] ultrapassado os limites da geometria plana [...]",[101] representavam um risco muito maior à saúde. Alertando para esses perigos, o médico associava a moda dos decotes à irresponsabilidade da mulher que, ao fazer uso deles, não expunha apenas a saúde, mas acabava por desvalorizar o papel que lhe fora imposto pela sociedade, pois, debilitada, não poderia ser boa mãe.

Os diversos trechos citados evidenciam o incômodo que as mudanças da moda causam entre os colaboradores da revista, que não medem palavras para associá-las à negatividade, à perda da feminilidade e aos danos que poderiam ocasionar à moral das mulheres. Tais opiniões quase sempre divergem das expostas pela maior autoridade no assunto na revista, a cronista Marinette. É razoável supor que a seção por ela produzida era muito apreciada pelas leitoras, a julgar pelo tempo de sua permanência na publicação, pelo crescimento do número de páginas a ela dedicado ao longo dos anos e pelo número de anunciantes que figuravam entre os textos e ilustrações de "A Moda".

A inserção de anúncios em meio à seção era uma prática muito comum: Mme. Genny, Casa Surmann, Viúva Scott, Casa Bonilha, La Saison, Casa Allemã e Mappin Stores são alguns dos principais anunciantes, destacando-se este último: enquanto as outras lojas são referenciadas em ilustrações ou simplesmente aparecem em anúncios propriamente ditos no meio da seção, o Mappin Stores

---

[101] O doutor Nicolão Ciancio comenta observações do médico parisiense, doutor Milian. Este último "[...] fez notar que já antes da guerra as mulheres usavam vestidos muito abertos sobre o peito. Essa abertura tinha e (tem) – prossegue – a forma de um triângulo isósceles, com 25 centímetros de base e 15 de altura. Com esses dados, o doutor Milian calcula em 187,50 centímetros quadrados a superfície nua do corpo da mulher". Cf. Doutor Nicolão Ciancio, "O decote e a medicina", em *Revista Feminina*, São Paulo, VII (70), março de 1920.

Um kisto sebaceo *no meio da revista*

anuncia com freqüência muito maior, tendo exclusividade sobre o espaço durante todo o ano de 1918. Referências à loja aparecem também no texto da cronista que informava as leitoras não só sobre os últimos modelos recebidos pela casa, bem como sobre as comodidades por ela oferecidas.[102]

> A Casa Mappin fornece às suas clientes os mais variados e ricos elementos para *toilette*; na sua seção de confecções vêem-se os mais elegantes modelos de roupas passíveis de adaptação e que podem ser corrigidos segundo o tipo e o gosto da cliente.
>
> A sua seção de fazendas e outros atributos de *toilette* é a mais completa que se pode desejar, sendo de notar que não há tecido, por mais recente que se pode desejar, que se não encontre nessa casa. A Casa Mappin se caracteriza pelo cuidado com que acompanham as criações de Londres e Paris, adaptando-as por vezes ao nosso clima ou acrescentando-lhes por vezes novas modalidades, cada qual mais interessante.[103]

Além de aparecer na seção de moda, a loja anuncia em outros espaços da revista, em especial na primeira página ou nas páginas que seguem a seção de Marinette (prática adotada, inclusive, pela Casa Allemã), com anúncios de página inteira, espaço revezado por anos com uma dezena de anunciantes, principalmente com a rival, a Casa Allemã, que publicava todos os meses anúncios de página inteira. No

---

[102] Segundo Heloísa Cruz, esse tipo de publicidade, na qual anúncio e texto jornalístico se fundem, torna-se cada vez mais freqüente durante os anos 1920. Cf. Heloísa Faria Cruz, "A cidade do reclame: propaganda e periodismo em São Paulo (1890-1915)", em *Projeto História – Revista do Departamento de Estudos Pós-Graduados em História e do Departamento de História*, nº 13 (São Paulo: PUC-SP, junho de 1996), pp. 1-211, 89.

[103] "A moda", em *Revista Feminina*, São Paulo, VI (44), janeiro de 1918.

início da década de 1920, uma terceira casa de modas começava a se destacar. É o Empório Toscano, que, localizado à rua General Carneiro, publicava anúncios de página inteira nos mesmo moldes que o Mappin Stores, recorrendo a ilustrações semelhantes às encontradas nos anúncios da loja de departamentos. Entretanto, de maneira diversa da das duas primeiras, que tinham os anúncios estampados em papel cuchê, a loja italiana anunciava nas páginas de papel-jornal encartadas no meio da revista.

Figura 18: Inserção publicitária da Casa Bonilha (tecidos finos) em meio à última página da seção de Marinette.

Não só as casas de moda anunciavam em grandes espaços na revista como também publicidade dos mais variados automóveis

Um kisto sebaceo *no meio da revista*

costumavam ocupar esse espaço. É possível afirmar, entretanto, que A Saúde da Mulher, remédio para as "doenças de senhoras", era o anunciante mais fiel da revista, com espaço reservado em todas as contracapas.

Além dos anunciantes que ocupavam grandes espaços em papel cuchê (no qual também era impressa a maior parte da revista), havia ainda aqueles que ocupavam as páginas centrais, impressas em papel-jornal, compondo uma espécie de suplemento encartado na publicação, em que propagandas diversas dividiam espaço com seções fixas, como "O menu do meu marido" e "Jardim fechado". Os anúncios ali publicados ocupavam com freqüência um quarto de página ou apareciam em forma de tirinhas no rodapé. Casas bancárias, automóveis, produtos alimentícios, móveis, remédios, produtos de beleza, lojas de tecido são alguns dos produtos habitualmente presentes naquele espaço.

Ao longo da década de 1920, o espaço e a variedade desses anúncios são ampliados. Os remédios, que a princípio eram as presenças mais assíduas nas páginas e rodapés publicitários, começam a dividir a supremacia com produtos de beleza e higiene. Exemplo disso é o anúncio de 1925, que informa sobre "Os preparados que se vendem nesta redação".[104] Dos dezenove produtos relacionados, dez se enquadram na rubrica beleza, higiene e perfumaria (receita para colorir os cabelos, água-de-colônia Grany, água-de-colônia Reny, creme Aura, creme Beldade, esmalte Gaby, loção Brilhante, pasta Reny, sabonete Elite, pó-de-arroz Reny), 6 são remédios (Fluxo Sedatina, Digestivo Picard, Dyspesia, Kaledon, Magnésia carminativa, pastilhas Renny, Sanguinol) e os restantes se dividem entre produtos alimentícios (*cold cream* Insuperável, creme de leite de ceras purificadas) e tintas para

---

[104] *Revista Feminina*, São Paulo, XII (132) maio de 1925.

Moda e publicidade: mulher da elite paulistana – o centro das atenções

colorir roupas em casa. Na mesma edição da revista, entre outros anúncios, encontramos o tradicional Petalina[105] (também à venda na redação da revista), os produtos de beleza Elizabeth Arden, a emulsão Scott, a Casa Lemcke (modas), o Congolium tapetes (do Rio de Janeiro), as máquinas Carlos Richel, duas lojas de fantasias para o carnaval, o automóvel Essex, o Empório Toscano, o Dodge Brothers (automóveis), a lotérica São Pedro e, como não podia deixar de ser, A Saúde da Mulher. Uma síntese das inserções registra a predominância dos anúncios dos produtos de beleza e o crescimento dos anúncios de automóveis. Outros anunciantes importantes que aparecem com muita freqüência na revista são Companhia Antarctica Paulista, Biotônico Fontoura, Elixir de Inhame, cintas Rejane, Aspirina Bayer, Au Petit Paris e Oriente (chapéus).[106]

Ainda que os anúncios das casas de moda não fossem maioria nas páginas da revista, é inegável o destaque que têm em meio aos outros anunciantes, pois, além de ocuparem as páginas de maior destaque, respondem pelos anúncios de maior porte. Mappin Stores e Casa Allemã figuram entre os anunciantes mais fiéis da publicação, perdendo apenas para A Saúde da Mulher. O que esse dado permite afirmar é que as casas falavam de maneira direta ao público da revista e se interessavam em se fazer presentes no cotidiano das leitoras, exatamente porque essas mulheres das elites e das camadas médias altas paulistanas constituíam um público consumidor por excelência que, além do poder aquisitivo, possuíam aquilo que Christopher Lasch

---

[105] A tintura para cabelos Petalina e o creme para a pele Dermina eram comercializados pela revista desde 1914. Segundo Avelina Haynes, em depoimento a Sônia de Amorin Mascaro, essa foi a primeira tinta para os cabelos fabricada no Brasil. A fórmula era uma criação de Cláudio de Souza (que, além de escritor, era médico) fabricada pela Empresa Feminina Brasileira.

[106] Para um levantamento mais detalhado sobre os anunciantes da revista, ver Sônia de Amorin Mascaro, *A "Revista Feminina". Imagens da mulher (1914-1930)*, cit., pp. 28-41.

Um kisto sebaceo no meio da revista

definiu como "apetite inesgotável não só por bens, mas por novas experiências de satisfação pessoal".[107]

O principal ponto de conexão entre a seção de moda da *Revista Feminina* e os anúncios do Mappin Stores é a comercialização de novas imagens para a mulher. Talvez esse fosse o principal produto que loja e revista tinham a oferecer. Mais do que roupas, perfumes e cortes de cabelo, é o "modo de vida" da melindrosa (segundo Christopher Lasch, o objetivo final da publicidade está menos em anunciar um produto e mais em promover o consumo como modo de vida) o maior atrativo que ambas disponibilizam para a mulher por intermédio do consumo de moda.[108] A esse "modo de vida" soma-se aquilo que denominamos "obsolescência da moda", menos material e mais subjetiva. Nesse ponto, é possível afirmar que são as subjetividades que movimentam o mercado de moda. A necessidade de inovar, renovar ou mudar o guarda-roupa a cada estação ou em qualquer outro período obedece, portanto, mais a uma necessidade pessoal de recriação, reinvenção, renovação e, por que não, reafirmação da identidade feminina do que a uma necessidade material. São os significados atribuídos a determinado corte, tecido, cor ou modelo que influem sobre o consumo (ao menos no que se refere ao consumo de moda realizado pelas classes mais abastadas), muito mais do que a aparência desgastada das roupas de um guarda-roupa. Dessa forma, a moda feminina transmite aos outros a identidade de uma mulher, ou de um grupo de mulheres, ou aquela com a qual a consumidora em questão se identifica, identidade não necessariamente ligada ao papel que a sociedade lhe reserva. No contexto da cidade de São Paulo, no período 1914-

---

[107] Christopher Lasch, *A cultura do narcisismo: a vida americana numa era de esperanças em declínio* (Rio de Janeiro: Imago, 1983), p. 103.

[108] *Ibid.*, p. 102.

Moda e publicidade: mulher da elite paulistana – o centro das atenções

1930, esse processo é acelerado, incorporado e difundido pela imprensa e pela publicidade.

Em termos de moda, a associação entre roupa/aparência e identidade/imagem não é novidade. Nos anos 1950, Gilda de Mello e Souza já havia constatado essa relação na forma como as mulheres construíam sua individualidade no século XIX, como é possível verificar no trecho a seguir:

> Tendo a moda como único meio ilícito de expressão, a mulher atirou-se à descoberta de sua individualidade, inquieta, insatisfeita, refazendo o próprio corpo, aumentando exageradamente os quadris, comprimindo a cintura, violentando o movimento natural dos cabelos. Procurou em si – já que não lhe restava outro recurso – a busca de seu ser, a pesquisa atenta de sua alma. E aos poucos, como o artista que não se submete à natureza, impôs a figura real de uma forma fictícia, reunindo traços esparsos numa concordância necessária.[109]

Diante das colocações de Gilda de Mello e Souza, é possível formular a seguinte proposição: a mulher faz uso da moda, e a moda propõe identidades à mulher, não necessariamente nessa ordem. A justaposição de melindrosa e mãe-esposa/dona-de-casa, que pode ser verificada na imagem das mulheres das camadas altas e médias no contexto desse livro, seria um exemplo do enunciado.

Se a moda propõe e a mulher dispõe, é importante ressaltar a relevância que a cronologia tem para esse estudo, pois muitas das alterações em direção ao conforto, à flexibilidade e à liberdade de movimentos da moda feminina decorrem não só das conjunturas,

---

[109] Gilda de Mello Souza, *O espírito das roupas: a moda no século XIX*, cit., p. 100.

Um kisto sebaceo *no meio da revista*

mas também das criações e conseqüentes imitações e absorção de influências pela indústria da moda, da estilista Coco Chanel – a primeira mulher a se destacar como criadora na alta-costura, no universo da moda. Ainda que não tenhamos encontrado evidências de que suas criações fossem comercializadas no Brasil, não há dúvida de que sua influência se fez sentir por essas terras. As criações de Coco Chanel chegam aqui como uma forma sutil de oferecer às mulheres novas possibilidades identitárias, ainda que em um primeiro momento elas se restringissem às roupas.

Ser melindrosa, assumir essa "nova identidade", tornou-se, naquele momento, mais uma "maneira de consumir".[110] Essa idéia é reforçada quando levamos em conta algumas reflexões de Christopher Lasch, para quem "a publicidade não serve tanto para anunciar produtos, mas para promover o consumo como um modo de vida". Na mesma direção, o autor define as principais funções da propaganda de mercadorias: a defesa do consumo como "uma alternativa para o protesto e a rebelião" e a transformação da própria alienação em mercadoria.[111]

As novas modas e o novo padrão de feminilidade adotado pelas mulheres das camadas médias e altas que viviam em cidades de urbanização crescente no Brasil do "entreguerras" seriam, portanto, um exemplo de "pseudo-emancipação". As leitoras da *Revista Feminina* e consumidoras do Mappin Stores usufruíam, de certo modo, da "liberdade de consumo disfarçada de genuína autonomia".[112]

---

[110] Aqui, faço referência ao texto "Os caça-propaganda, outras figuras da nova revolta", de Contardo Calligaris, publicado no caderno Ilustrada do jornal *Folha de S.Paulo*, no qual transpõe alguns conceitos de Christopher Lasch para o neoliberalismo e faz a seguinte observação: "Ser revoltado tornou-se mais um estilo, uma maneira de consumir". Cf. *Folha de S.Paulo*, Ilustrada, São Paulo, 27-7-2000.

[111] Christopher Lasch, *A cultura do narcisimo. A vida americana numa era de esperanças em declínio*, cit., p. 103.

[112] *Ibidem*.

Ainda que os vestidos mais soltos, leves e curtos proporcionassem liberdade de movimentos, facilitando a locomoção, os cabelos curtos fossem extremamente mais práticos que os longos, e as novas modas, somadas a hábitos como a prática esportiva, os banhos de sol e os passeios pela cidade desacompanhadas, fossem realmente sinais de grandes mudanças, a base da feminilidade continuava a mesma. As mulheres passavam a ter uma aparência mais jovem, podiam sair sozinhas paras as compras e fazer passeios pela cidade, mas continuavam se preocupando em manter o casamento e principalmente a honra e a moral da mulher casada. Nessa direção, a publicidade de moda do Mappin Stores e as crônicas de Marinette anunciam novas modas, novas identidades e também novas possibilidades de sociabilidade feminina, sem, entretanto, abalar as estruturas do trinômio mãe/esposa/dona-de-casa.

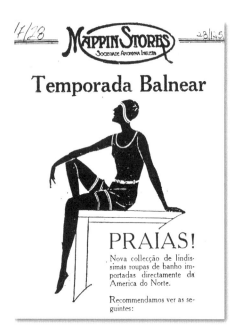

Figura 19: No final da década de 1920, os banhos de sol estão na ordem do dia!

Considerações finais

Adotou hábitos elegantes e adaptou-se a eles como se fossem hábitos velhos. Antes levantava-se tarde, quase à hora do almoço. Verdade é que suas horas eram imensamente vazias. Dividia-as por isso em sono e horas de aborrecimento. Agora não. Tendo o seu dia tomado por um tumulto de tarefas e preocupações, tratou de disciplinar a sua vida, de maneira a satisfazer, em cada dia, os seus inúmeros e urgentes deveres. [...]

Às dezesseis horas, uma volta pela cidade a ver o mostruário dos joalheiros e dos grandes magazines. As lojas de moda tentavam-na mais. Entrava. A escolha de robes e *manteaux*, com exibições de manequins vivos, ocupavam-lhe largos minutos de atenção e de tensão espiritual [...]. Num dos magazines do centro havia uma hora de chá elegante com quarteto de cordas. Mme. Lili não dispensava esse chá, nem sua hora de música e *flirt*.

Cesário Julião,
"Ocupações de uma mocinha desocupada – crônica da vida elegante", em *Revista Feminina*, nº 61, 1919.[1]

---

[1] Mme. Lili, no conto de Cesário Julião, é descrita como moça de "apenas 18 anos de idade e cinco de fortuna e vida elegante". Moça que nasceu pobre e foi pobre até os treze, quando os negócios de seu pai começam a prosperar e em pouco tempo sua família enriquece. A fortuna dá novo sentido à vida da moça que "pega o jeito no piano", passa a ler notícias, freqüentar concertos, fazer compras e cuidar de si, ocupando dessa forma seu tempo. Cf. Cesário Julião, "Ocupações de uma mocinha desocupada: crônica da vida elegante", em *Revista Feminina*, nº 61, 1919.

Moda e sociabilidade: mulheres e consumo na São Paulo dos anos 1920

A epígrafe citada ilustra muito bem a proposição final deste livro – estruturada a partir de algumas considerações elaboradas por Jürgen Habermas e Hanna Arendt sobre público e privado: a aproximação das mulheres das elites paulistanas do espaço público por meio da moda e do consumo pode ser considerada uma forma de comércio, isto é, ao apresentar-se como um *Palais de la Femme* e anunciar todos os dias às mulheres, o Mappin Stores não está simplesmente vendendo roupas, móveis ou eletrodomésticos – a sociabilidade feminina faz parte do "pacote" comercializado pela loja, o que não era prática exclusiva desta. Como já detalhamos, encontramos diariamente, nos mais variados jornais da cidade, anúncios das mais diversas casas comerciais convidando os clientes a conhecer novos produtos ou as ofertas da casa. Nenhuma, porém, oferecia tanta variedade de artigos, espaços de lazer e comodidade às senhoras e senhoritas como a loja da praça do Patriarca.

Figura 1: Ocupações de uma mocinha desocupada: pela manhã, notícias do mundo elegante.

Considerações finais

Outra tarefa. Uma hora em mãos do «coiffeur».

Figura 2: No início da tarde, os cuidados do *coiffeur*.

A *Revista Feminina*, por sua vez, na medida em que mantém uma cronista entusiasta das "últimas novidades da moda", estimula o consumo, em especial quando, após discorrer alguns parágrafos sobre os *tailleurs*, "informa" aos leitores que tais peças já podem ser encontradas no Mappin Stores ou quando indica que as toaletes apresentadas nas ilustrações são alguns exemplos dos mais novos modelos recebidos pela casa de modas La Saison. Essa prática é quase uma constante na seção de moda.

Assim, acreditamos que as leitoras da *Revista Feminina* e dos jornais diários paulistanos constituíam-se de pessoas privadas que formavam um público consumidor – e por que não público-alvo – dos anunciantes da crescente imprensa feminina e da grande imprensa paulistana.[2] Nesse contexto, a sociabilidade seria a capacidade/possibilidade de usufruir, por meio do consumo, dessas informações, sendo especialmente as áreas centrais da cidade – nas quais estavam concentradas as principais casas comerciais – espaços privilegiados para a prática dessa forma de sociabilidade.

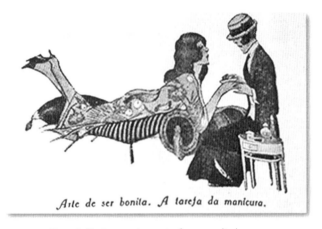

Figura 3: Manicure, mais uma tarefa ocupa o dia da moça.

Acrescentando aos pressupostos de Jürgen Habermas aqueles apresentados por Hannah Arendt, é possível elaborar a seguinte hipótese: à medida que a mulher vai ganhando proximidade do espaço público, sua vida vai adquirindo mais força, mais "sentido de realidade". Como quando Hannah Arendt ressalta que, quando sentimentos privados ou íntimos são expostos a outrem, que pode ouvir e falar sobre eles, esses sentimentos ganham "uma espécie de realida-

---

[2] Em entrevista concedida em 17-6-2000, Zuleika Alvim Peirão nos informou que, durante o período que nos interessa nesse livro, o Mappin anunciava quase diariamente em todos os jornais da cidade de São Paulo.

Considerações finais

de".[3] As mulheres das elites, ao saírem de suas casas para fazer compras ou passear pelas ruas e lojas, ou tomar um chá com outras mulheres no fim da tarde, não só são vistas como também ouvidas por outros. A moda, em conjunto com sua publicidade e consumo (aqui entendidos como indissociáveis), seria, portanto, importante linha de "costura" da mulher com o espaço público.

Figura 4: À tarde, no salão de chá.

Figura 5: À noite, no teatro, bela, porém aborrecida.

---

[3] Hanna Arendt, *A condição humana* (Rio de Janeiro: Forense Universitária, 2000), p. 60.

Crédito das figuras

Capa: Mappin Stores, catálogo geral 1925 (AHM).

Parte I – Abertura de um novo espaço para a moda e a sociabilidade feminina

Figura 1: *O Estado de S. Paulo*, 8-10-1925 (AHM).

Figura 2: Década de 1920. Foto de M. Rosenfeld. Acervo sem identificação (AHM).

Figura 3: Década de 1920. Acervo Fúlvia de Carvalho Lopes (AHM).

Figura 4: *O Estado de S. Paulo*, 25-1-1924 (AHM).

Figura 5: Década de 1900. Acervo sem identificação (AHM).

Figura 6: Mappin Stores, catálogo geral, 1922 (AHM).

Figura 7: *c.* 1913-1919. Acervo sem identificação (AHM).

Figura 8: *O Estado de S. Paulo*, 20-10-1913 (AHM).

Figura 9: *O Estado de S. Paulo*, 29-11-1913 (AHM).

Figura 10: *O Estado de S. Paulo*, 25-9-1926 (AHM).

Figura 11: *O Estado de S. Paulo*, 23-10-1925 (AHM).

Figura 12: *O Estado de S. Paulo*, 13-2-1926 (AHM).

Figura 13: *Jornal do Comércio*, 18-12-1918 (AHM).

Figura 14: *A Cigarra*, 15-8-1919 (AHM).

Figura 15: *Fon-Fon*, 9-8-1919 (AHM).

Moda e sociabilidade: mulheres e consumo na São Paulo dos anos 1920

Figura 16: 1928. Acervo sem identificação (AHM).

Figura 17: 1920. Acervo Doris Stalker (AHM).

Figura 18: *O Estado de S. Paulo*, 1929 (AHM).

Figura 19: *O Estado de S. Paulo*, 5-3-1922 (AHM).

Figura 20: Mappin Stores, catálogo de Natal e ano-novo, 1933 (AHM).

Figura 21: *O Estado de S. Paulo*, 24-2-1928 (AHM).

Figura 22: *O Estado de S. Paulo*, 5-5-1928 (AHM).

Figura 23: *O Estado de S. Paulo*, 1-9-1928 (AHM).

Figura 24: Década de 1920. Acervo Fúlvia de Carvalho Lopes (AHM).

Figura 25: *O Estado de S. Paulo*, 3-10-1926 (AHM).

Figura 26: *c.* 1926. Acervo Fúlvia de Carvalho Lopes (AHM).

Figura 27: *O Estado de S. Paulo*, 28-3-1925 (AHM).

Parte II – Moda e publicidade: mulher da elite paulistana – o centro das atenções

Figura 1: Montagem feita com ilustrações retiradas do artigo "O senhor ou a senhora?", em *Revista Feminina*, nº 139, dezembro de 1925.

Figuras 2a e 2b: *O Estado de S. Paulo*, 1915 e 2-1-1928 (AHM).

Figura 3: *O Estado de S. Paulo*, 1-11-1929 (AHM).

Figura 4: Mappin Stores, catálogo geral, 1919 (AHM).

Figura 5: Mappin Stores, catálogo geral, 1923 (AHM).

Figura 6: Mappin Stores, catálogo geral, 1925 (AHM).

Figura 7: Mappin Stores, catálogo geral, 1927 (AHM).

Crédito das figuras

Figura 8: Mappin Stores, catálogo geral, 1939 (AHM).

Figura 9: *Revista Feminina*, n.º 59, abril de 1919 (AASH).

Figura 10: *Revista Feminina*, n.º 137, outubro de 1925 (AASH).

Figura 11: *Revista Feminina*, n.º 56, janeiro de 1919 (AASH).

Figuras 12 a 14: *Revista Feminina*, n.º 128, janeiro de 1925 (AASH).

Figura 15: *Revista Feminina*, n.º 139, dezembro de 1925 (AASH).

Figura 16: *Revista Feminina*, n.º 128, janeiro de 1925 (AASH).

Figura 17: *Revista Feminina*, n.º 137, outubro de 1925 (AASH).

Figura 18: *Revista Feminina*, n.º 67, dezembro de 1919 (AASH).

Figura 19: *O Estado de S. Paulo*, 4-7-1928 (AHM).

Considerações finais

Figuras 1 a 5: *Revista Feminina*, n.º 61, junho de 1919 (AASH).

AHM: Acervo Histórico do Mappin

AASH: Acervo Avelina Salles Haynes